감정은 잘못이 없다

감정은 잘못이 없다

불편한 감정으로부터 내 마음을 지키는 심리 기술

류페이쉬안 지음 | 강초아 옮김

유노북스

감정에 좋고 나쁨이란 없다

이 책을 쓰는 동안 내 삶은 많은 변화를 겪었다. 이런 변화로 경험하고 깨달은 것들이 이 책을 쓰게 된 동기이기도 했다. 그래서 원고를 쓰며 자연스럽게 내 감정을 써 내려갔다.

원고를 마무리하고 몇 달이 지나 퇴고할 때, 나는 돌연 두려움을 느꼈다. 내 속마음과 감정 등이 원고에 다 쓰여 있었던 것이다. 내 진면목이 고스란히 세상 앞에 폭로된 듯한 느낌이었다. 퇴고하는 동안 나는 끊임없이 망설였다. 책 속에 등장하는 '나'에 관한 부분을 전부 삭제하고 싶은 충동이 들었다. 어쨌든 타인의 일을 사례로 들며 얘기하는 게 좀 더 쉽다. 나는 내 마음속에 어떤 감정들이 있는지 알리고 싶지 않았다.

내가 좋아해 마지않는 미국 휴스턴 대학 사회복지대학원 교수 브레네 브라운(Brené Brown)이 강연 다큐멘터리 〈나를 바꾸는 용기(The Call to Courage)〉에서 한 말이 생각났다. 그녀는 유명한 TED 강연 '취약성의 힘(The Power of Vulnerability)'을 찍기 불과 하루 전에 그동안 강연에서 해 온 것과 같은 학술적 개념 설명 방식을 폐기했다. 대신 '취약성'을 드러내기로 했다.

브레네 교수는 취약성을 혐오했다고 고백했고, 직접 진행한 연구 결과 때문에 자아와 관련된 주제로 심리 상담을 받기도 했다고 털어놓았다. 그녀는 스스로 취약해지는 게 얼마나 중요한지 청중을 설득하려면 우선 자신의 취약성부터 드러내야 한다고 여겼다.

브레네 교수의 말 덕분에, 나 역시 독자들에게 '감정을 느끼는 게 중요하다'고 말하려면 우선 내 약한 면을 보여 주고 감정을 드러내야 한다는 생각이 들었다.

지금 이 책을 읽고 있는 당신이나 내가 만났던 내담자가 다르지 않다. 우리는 모두 각종 감정을 경험한다. 마음 아픔, 실망, 슬픔, 분노, 두려움, 희열, 기쁨…. 어떤 종류의 감정이든 잘못된 건 없다. 좋고 나쁜 것도 없다. 전부 우리 삶의 일부다.

이 책은 당신에게 감정을 느끼는 연습을 하라고 권한다. '감정'이라는 단어는 누구에게나 익숙할 것이다. 요즘은 심리 지식이 많이 보급되어 서점, 인터넷 사이트 등에서 관련 서적과 글을 쉽게 찾아볼 수 있다.

하지만 감정에 대한 이해는 여전히 '이성'의 영역에 머물러 있다. 왜 이런 감정을 느끼는지 분석하는 식이다. 물론 그런 식의 이해도 중요하다. 나는 이 책으로 독자 여러분에게 생각은 줄이고 좀 더 많이 느낄 것을 주문하고자 한다.

대부분의 사람은 감정을 어떻게 느껴야 하는지 성장 과정에서 제대로 배우지 못한다. 태어나고 자란 '원가족' 내에서 대개 "이런 감정을 가지면 안 돼!"라는 식으로 학습한다.

우리는 각종 방어기제로 감정을 회피한다. 감정적으로 마비된 상태를 만들거나 바쁘게 생활하거나 서로 비교하거나 타인을 매도하고 공격하며 우월감, 멸시, 편견 등 각종 중독성 있는 행위에 빠진다. 그렇게 감정이 사라지면, 사람과 사람 사이의 진정한 유대감 역시 사라진다.

감정을 회피하게 하는 방어기제는 타인을 해치고 괴롭힐 뿐만 아니라 우리 자신도 괴롭힌다. 감정을 제대로 느끼는 게 두려워지면 진심으로 살아가는 것 역시 불가능하다.

상처받는 게 두려워 사랑하지 못하게 될 것이고 실패하는 게 두려워 도전하지 못하게 될 것이다. 알지 못하는 미래를 두려워하고 불안해하느라 어떠한 변화나 발전도 이루지 못하게 될 것이다. **감정을 느끼는 걸 두려워하면 자기만의 마음속 감옥에 갇히게 되는 것이다.**

이 책이 아주 작은 시작이 되길 바라며 여러분이 감정을 느끼는 연습을 하도록 돕고자 한다. 물론 감정을 제대로 느끼기 시작한 후에는 우리를 고통스럽게 하는 감정도 경험하겠지만 희열, 감격, 사랑, 유대감 같은 긍정적 감정 역시 더욱 크고 강하게 느낄 것이다.

느껴 보길 바란다. 삶은 길지 않다. 길지 않은 인생에서 더 많은 관계성과 아름다움을 느끼며 살아가자.

진정한 회복은, 감정을 느끼는 데서 시작된다

이 책을 쓰기 반년 전, 나는 한 차례 '상실'을 경험했다.

심리 상담사인 나는 상실과 고통을 겪는 내담자를 많이 만났다. 가족의 죽음, 이혼, 연인의 배신, 나병의 고통, 사고로 인한 부상, 성폭행, 가정 폭력, 아동 학대 등 다양한 사연이 있었다.

이런 일들 중 한 가지만 겪어도 소우주가 부서진다. 편안하고 행복한 삶의 여정을 걸어가고 있었는데, 한순간 땅바닥이 갈라지면서 아무것도 보이지 않는 시커먼 구멍 속으로 떨어지는 것과 같다.

예전에 '슬픔'을 표현한 조각상 사진을 본 적이 있다. 조각가는 철사를 엮어 사람 모양의 **뼈대**를 만들었다. 철사 모형 안은 머리부터 발끝까지 돌멩이로 가득 채웠다. 그 사진을 보면서 나는 생각했다. '슬픔이라, 분명 엄청 무겁겠지.'

내가 상실을 겪었을 때, 나는 슬픔의 무게가 얼마나 무거운지 깨달았다. 상실의 고통에서 회복하는 데는 지름길이 없다는 걸, 회복을 위한 정해진 길도 없다는 걸 잘 알았다. 사람마다 슬퍼하는 방식이 다르기 때문이다.

무엇을 해야 할지도 잘 알았다. 내가 상담실에서 타인을 도울 때 한 일들을 하면 됐다. 나를 다독이며 지금의 모든 감정을 느끼는 것부터 시작해야 했다. 그러므로 고통에서 벗어나는 유일한 방법은, 고통을 경험하는 것이었다.

점점 나아지는 과정을 소홀히 여겼을 때

사회는 우리에게 '경험하는 시간'을 허락하지 않는다. 한 사람의 세계가 갑자기 와해되고 시커먼 구멍 속으로 추락했을 때, 주변 사람은 구멍 입구에 둘러서서 저 아래 밑바닥에 쓰러진 사람에게 큰 목소리로 고함을 친다.

"약해지지 마라! 어서 일어나리!"

사회는 '빠른 회복'을 찬양한다. 영화, 드라마, 잡지, 신문 등에서도 한 사람이 좌절과 상처를 빠르게 극복하고 아름다운 결말을 맞는 이야기를 보여 준다. 그들이 조금씩 나아가는 '과정'을 생략해 버린다.

내가 상실을 겪고 얼마 지나지 않았을 때 우연치 않게 TED 강연을 시청하게 됐다.

강연자는 미국의 사회복지사였다. 그녀는 막 학교를 졸업하고 복지사로 일하는 중이었는데, 안정적인 생활을 하게 되나 보다 싶던 순간 갑자기 세상이 무너지는 경험을 했다. 건강했던 어머니가 급작스럽게 세상을 떠난 것이다.

1년간 슬픔에 잠겨 지내다가 어머니의 1주기가 돌아왔을 때 비로소 용기를 내 어머니와 생전에 같이 갔던 스포츠 경기장에 다시 갈 수 있었다. 그런데 경기를 관람한 바로 그날 저녁, 평소 지병이 없던 남편이 심장 발작으로 사망하고 말았다.

강연자는 심리적으로 건강한 사람이라면 이럴 때 어떻게 해야 하는지를 얘기했다. 물론 TED 강연이다 보니 10여 분의 시간 안에 전하고 싶은 내용을 다 말해야 한다는 것도 알고, 강연자가 언급한 방법 역시 중요하다는 점도 안다.

하지만 그때의 나는 멍하니 생각했다. '2년 사이에 어머니와 남편

이 갑자기 세상을 떠나면 몹시 고통스러울 텐데, 어떻게 금방 상처를 극복했을까? 어떻게 그럴 수 있었지?'

회복하는 과정이 쉽게 생략되기 때문에, 사람들은 상처에서 벗어나는 일이 빠르게 그리고 우아하게 아름다운 결말까지 이어진다고 착각한다. 회복 과정을 전혀 이해하지 못하는 생각이다. 상처에서 벗어나는 동안 수많은 몰이해와 원망이 벌어지니 말이다.

심리 상담실에서 이런 말을 자주 듣는다. "나는 왜 지금 더 고통스러울까요?", "시간이 한참 흘렀는데 왜 내 마음은 나아지지 않죠?", "나는 왜 지금 더 화가 날까요?"

내담자가 자신에게 실망하거나 분노할 뿐 아니라, 주변에서도 "아직도 힘들어? 얼른 떨쳐 내야지", "심리 상담도 받고 있는데 금방 좋아지지 않겠어?" 같은 말을 한다.

회복이란 전쟁터로 돌아가는 것과 같은 일

안타깝게도, 상처를 극복하는 건 쉽지 않다. 당신이 어떤 일을 겪었든지 고통스러운 사건은 당신의 내면세계를 부순다.

미국에서 퇴역 군인의 자살률이 매년 높아져 사회 문제가 되고 있다. 사람들은 이라크, 아프가니스탄 등 전쟁디에서도 살아 돌아온 군인들이 왜 안전하고 따뜻한 집에서 살아갈 용기를 잃어버리는 지 이해하기 어려워했다.

고통과 정신적 상처에 대한 오해 때문에 빚어지는 일이다. 사건 이 종료된 뒤에는 아무렇지도 않아야 할 것 같지만, 사실은 그렇지 않다.

당신이 어린 시절 폭력적인 부모 밑에서 자랐다고 가정해 보자. 어른이 되어 원가족을 떠나 독립적으로 생활하게 되면, 그 기억이 전부 없었던 일이 되는 걸까?

어렸을 때 가까운 곳에 살던 사촌 오빠에게 2년 동안 성폭행을 당 했는데, 사촌 오빠가 멀리 이사를 가고 나면 그 일이 당신에게 아무 런 영향을 미치지 못하게 될까?

어머니에게 정서적으로 학대를 당하다가 대학생이 되어 다른 도 시에서 생활하게 되었다면, 곧바로 어린 시절의 정신적 상처를 싹 잊을 수 있을까?

참전한 군인이 퇴역 후 집으로 돌아왔다고 해서, 당장 평범하고 즐거운 삶을 영위할 수 있을까?

사실, 고통스러운 사건이 끝났다는 건 회복 과정의 시작일 뿐이 다. 정신적 상처를 극복하는 과정은 간단하지 않다. 순조롭게 진행되지도 않는다.

많은 어려움이 도사리고 있는 여정이며, 절대로 우아하게 걸어갈 수 있는 길이 아니다. 여기저기 부딪히고 가시에 찔리며 걸어가야 한다.

당신이 겪은 일이 어떠했든지 간에 상처에서 벗어나고자 한다면, 어렵사리 벗어난 전쟁터로 돌아가 오랫동안 숨겨 둔 고통과 감정들을 꺼내 직시해야 한다.

나는 내담자들에게 종종 심리 치료란 재활 과정과 같다고 말한다. 신체 재활 과정에서 많은 고통이 뒤따르듯이 심리 상담 역시 그렇다고 말이다.

우리는 천천히 과거의 상처 위를 덮어놓은 거즈와 붕대를 제거하고 상처와 고통, 뒤따라오는 감정을 마주해야 한다. 그래서 상담을 시작한 후에 오히려 더 괴로워지는 경우가 많다. 하지만 그런 과정을 겪어야 회복이 가능하다.

상처를 극복하려면 먼저 느껴야 한다

슬픔의 무게에 나는 숨조차 제대로 쉴 수 없었다. 나는 상담실에 앉아 나를 담당하는 상담사에게 질문했다. "이렇게 해야 하죠?" 상담사에게 신비로운 치료법이 있을 거라고 기대했다.

"지금은 스스로 애도해야 할 때입니다. 스스로에게 감정을 허락하세요. 상처에서 벗어나기 위해 할 수 있는 유일한 일은, 상처를 느끼는 것입니다."

많은 사람이 자신의 옛 상처를 돌이켜 보려고 한다. 하지만 이런 시도는 대개 이성적인 방면에서 그치기 십상이다. 이성적인 방면에서 우리는, 과거에 어떤 일이 일어났는지, 왜 일어났는지, 우리에게 어떤 영향을 미쳤는지 분석하려고 노력한다. 그러나 우리는 오랫동안 그런 감정을 억눌러 왔다.

상처에서 벗어나고 싶다면, 오랫동안 마주하지 않고 깊이 묻어둔 감정들을 꺼내 제대로 느껴야 한다. 다른 방법은 없다. 이것만이 유일한 방법이다.

이 책은 초대장이다. 감정을 느끼는 곳으로 당신을 초대한다.

생각이나 분석은 적게 하고, 감정은 더 많이 느껴야 하는 곳이 될 것이다. 감정을 느껴야만 오랫동안 스스로를 묶고 있던 무거운 사슬을 풀어낼 수 있다.

나는 내담자들에게 이런 말을 자주 했다. 당신에게 일어난 일이 당신 잘못은 아니지만, 상처에서 회복하기 위한 과정은 오롯이 당신 책임이라고 말이다. 누구도 대신해 줄 수 없다고 말이다.

그러니 이 초대장을 받고 감정을 느껴 보길 바란다. 마음먹는다고 당장 가능할 만큼 쉬운 일은 아니다. 부단한 연습이 필요하다. 당신이 감정 앞에 한걸음 더 다가가고자 할 때 이 책이 곁에서 당신을 지켜 주길 바란다.

차례

1장
감정은 잘못이 없다
: 좋은 감정, 나쁜 감정, 이상한 감정

2장
파도를 막을 수 없다면, 파도를 타면 된다

: 불편한 감정과 마주하는 심리 기술

3장
감정을 느끼지 않아도 되는 사람은 세상에 없다

: 감정과 타인과 더불어 잘 지내는 법

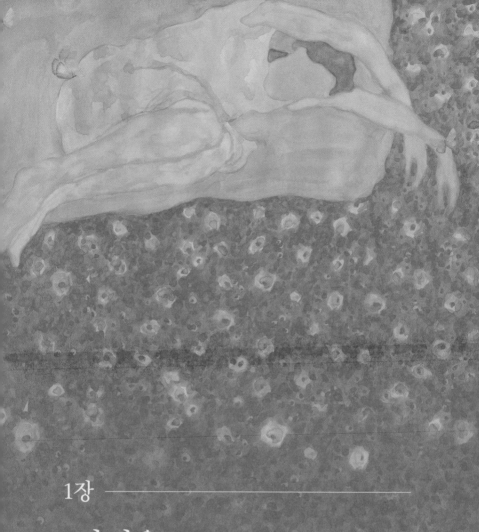

1장

감정은
잘못이 없다

: 좋은 감정, 나쁜 감정, 이상한 감정

01

감정은
나침반이다

///

매일 느끼는 감정은,
당신이 어떤 삶을 살고 있는지, 무엇을 바꿔야 하는지
알려 주는 지표다.
감정이 하는 말에 귀 기울이는 능력을 잃어버리면,
망망대해에서 길을 잃은 배처럼
어디로 가야 하는지, 어떻게 전진할 수 있는지 모르게 된다.

만약 당신에게 매일 기쁘고 즐거운 감정만 느낄지 아니면 기쁨, 슬픔, 분노, 불안 등 각종 감정을 다 경험할지 선택권이 주어진다면 어떻게 하겠는가? 아마도 대부분이 즐거운 감정만 느끼겠다고 하지 않을까? 우리를 괴롭게 하는 감정을 '부정적 감정'이라고 하는데, 사람들은 이 부정적 감정을 회피하려고만 한다.

상담을 하다 보면, 내담자들 대다수가 감정을 두려워한다. 감정의 해일에 휩쓸려 익사할지도 모른다고 겁낸다. 이런 말을 들으면 감정이란 게 무섭게 느껴진다. 만약 감정이 없다면 우리의 삶이 솜 더 쉬워지는 건 아닐까?

정신과 약물을 복용하는 내담자들의 이야기를 들어 보면, 매일 어떤 감정도 느끼지 못한다고 한다. 그들의 세계에는 불안과 우울이 없는 대신 기쁨이나 흥분, 기대감 같은 감정도 없다. 감정이 사라지면 스스로 빈껍데기가 되었다고 느낀다. 어떤 일도 하고 싶지 않고, 살아 있다는 게 어떤 건지도 알 수 없다.

고양된 감정은 사람을 압박하지만, 감정이 사라지면 온전한 사람이 아닌 껍데기만 남는다. 우리는 감정을 싫어하면서도 감정을 필요로 한다. 도대체 감정이란 무엇일까?

긍정적 감정, 부정적 감정

나는 미국에서 석사 학위를 받고 현지 상담 기관에서 아동 심리 상담을 맡았다. 나를 찾아오는 내담자의 나이는 다섯 살부터 고등학생까지 다양했다. 그런데 나이와 상관없이 감정에 대한 고정관념이 형성되어 있었다. '화를 내는 아이는 나쁜 아이다', '우는 것은 부끄러운 짓이니 울면 안 된다', '뭔가를 두려워하는 것은 겁쟁이나 하는 짓이다' 같은 생각들이었다.

여덟 살 여자아이와 상담을 하다가 이런 말을 한 적이 있다. "화를 내는 건 정상적인 감정이란다. 누구나 화를 내. 나도 화를 내는 걸." 그러자 여자아이는 깜짝 놀라 눈이 동그래졌다. "선생님도 화를 낸다고요?"

아이들의 이런 반응이 흥미롭기도 했지만 사회, 가정, 학교에서 감정에 관한 잘못된 지식을 아이들에게 전달하고 있지는 않은지 곱씹어 볼 수밖에 없었다.

그 여자아이는 겨우 여덟 살인데, 조그만 머릿속에 감정을 두 개의 폴더로 나눠 놓았다. 폴더 하나에는 '긍정적 감정'이라는 이름표를 붙여 즐거움, 기쁨 같은 감정을 넣었다. 이런 감정은 안전하다. 부모님이나 선생님이 좋아하는 감정이다. 다른 폴더에는 '부정적 감정'이라는 이름표를 붙여 즐겁지 않은 모든 감정을 넣었다. 이것들은 나쁘고 위험하며 존재해서는 안 되는 것들이다!

이 소녀는 열여덟 살, 스물여덟 살, 서른여덟 살이 되어도 머릿속에 자리 잡은 공식대로 감정을 구분하며 살 것이다. 사실, 많은 사람이 감정에 관해 가지고 있는 인식이다.

그러나 감정은 감정일 뿐 좋고 나쁨이 없다. 감정은 내면세계와 외부 세계에서 맞닥뜨린 여러 사건으로 인해 발생하는 '반응'이다.

누구도 감정을 통제할 수 없다. 대뇌 변연계가 감정을 주관하는데, 편도체와 해마가 이에 해당한다. 이 부분을 '정서적 뇌'라고 부른다. 한편, 사고와 결정을 담당하는 부분은 대뇌 피질인데 '이성적

뇌'라고 부른다. 말하자면, 우리의 이성적 뇌는 어떤 감정이 일어나는지 통제할 능력이 없다. 우리가 할 수 있는 일은, 감정이 일어난 후에 어떻게 반응할 것인지 결정하는 것이다.

감정은 몸으로 느껴야 한다. 감정이 일어나는 순간 몸에 어떤 감각이 느껴지는지 자세히 관찰해 보면, 다음과 같은 새로운 사실을 발견할 수 있을 것이다.

두려움을 느낄 때는 심장 박동이 빨라지고 근육이 수축한다. 슬픔을 느낄 때는 가슴이 묵직해지고 눈 주변이 뜨거워지면서 눈물이 흐를 것 같다. 화가 날 때는 얼굴이 붉어지고 가슴에서 강한 에너지가 터지는 느낌이다. 유쾌할 때는 마음에 따뜻한 기운이 천천히 흐르는 것 같다. 이것이 바로 감정이며, 몸으로 느껴야 하는 에너지다.

앞서 언급한 여덟 살 여자아이가 계속해서 '긍정적 감정', '부정적 감정' 두 가지 폴더를 이용해 감정을 좋고 나쁜 것으로 구분한다면, 그 아이는 삶에서 가장 중요한 나침반을 잃어버리는 셈이다.

죽은 사람은
좌절할 필요가 없다

아기가 태어날 때 '인생 수첩'을 가지고 세상에 나온다고 상상해 보자. 나는 그 수첩에 이렇게 써 있었으면 좋겠다.

"지구에 온 걸 환영합니다. 당신은 사는 동안 다양한 감정을 경험하게 될 것입니다. 그 감정들이 하는 말에 귀를 기울이세요. 감정은 어디로 가야 할지 알려 주는 나침반이니까요."

감정은 삶의 일부다. 감정에는 옳고 그름이 없다. 기쁨이나 흥분은 물론 좌절, 실망, 분노, 불안 등 모든 감정이 '살아간다는 것'의 일부다. 미국 심리학자 수잔 데이비드(Susan David)는 "고통스러운 감정을 느끼지 않아도 되는 것은 죽은 사람뿐"이라고 말하기도 했다. 죽은 사람은 좌절, 실패, 고통 등을 겪을 일이 없으니 말이다.

매일 느끼는 감정이야말로 우리에게 삶이 어떻게 흘러가는지, 또 어떻게 바뀌어야 하는지 알려 준다.

출근할 때마다 귀찮고 싫은 감정을 느끼고 직시한다면, 지금 하고 있는 일에 열의가 없는 자신을 발견하고 다시 학교로 돌아가 공부를 더 한다든지 다른 직업을 찾으려고 시도할 수 있다.

배우자가 기다리는 집에 돌아와서도 혼자인 것 같은 고독을 느낀다면, 그 감정에 귀를 기울여야만 다음 단계로 생각을 이어 나갈 수 있다. 결혼 생활에 무슨 문제가 있는 걸까? 어떤 부분을 개선해야 할까? 이 관계를 끝내는 게 마땅하지 않을까?

감정은 우리에게 정보를 제공하는 '자료'다. 우리 삶에 필요한 것과 필요하지 않은 것을 알려 준다. 삶에서 중요한 것에 집중하고 변

화해야 할 부분은 바꿀 수 있도록 나타내 준다.

분노를 느낀다면 당신은 타인에게 삶의 영역을 침범당했을 것이다. 이렇듯 분노는 당신이 자기 자신과 주변 사람을 보호하도록 도와준다. 미안함을 느낀다면 당신이 누군가에게 피해를 줬다는 의미다. 두려움을 느낀다면 그 감정은 지금 당신에게 '위험!'이라고 외치는 것이다. 흥분했다면 그건 '너를 만족시키는 이 일을 계속해'라는 뜻이 된다. 혐오감은 당신을 해칠지도 모르는 뭔가를 미리 피할 수 있게 해 준다. 무료함은 당신에게 적절한 자극과 도전이 필요하다는 정보를 전한다.

날씨를 마음대로
바꿀 수는 없지만

영화 〈모아나(Moana)〉의 주인공 모아나는, 고향인 섬을 지키기 위해 혼자 배를 타고 바다로 나간다. 그녀는 폴리네시아 신화에 등장하는 반신(半神) 마우이를 만나 "항해술을 알려 주세요"라고 말한다. 마우이는 모아나에게 "돛을 올리고 바람을 타는 게 전부가 아니다. 항해는 바람의 방향을 찾는 것이다(it's called wayfinding)"라고 답한다.

바다를 건너려면 열악한 날씨와 파도를 이겨 내야 한다. 모아나는 돛을 올리는 법, 바람의 방향에 익숙해지는 법, 별자리를 이용해 방위를 판단하는 법 등을 배워야 했다.

우리 삶이 작은 배 한 척에 의지해 망망대해를 건너는 일이라고 상상해 보자. 감정은 내면세계의 날씨와 같다. 맑을지, 바람이 불지, 폭풍우가 칠지 등 날씨를 마음대로 정할 수는 없다. 항해를 잘하려면, 바람의 방향을 관찰하고 나침반을 이용해 천변만화하는 날씨 속에서 배가 나아갈 곳을 끊임없이 조정해야 한다.

감정을 어떻게 처리해야 하는지 연습하는 건 항해술을 배우는 것과 비슷하다. 날씨를 마음대로 바꿀 수는 없지만, 어떤 날씨일 때 어떻게 대처해야 하는지는 배울 수 있다. 마찬가지로, 어떤 감정이 생기는 걸 통제하지는 못해도 그 감정에 어떻게 반응할지 결정할 수는 있다.

감정은 인생이 어느 방향으로 나아가야 할지를 가리키는 나침반이다. 감정에 귀 기울이는 능력을 잃어버린다면, 배를 다룰 줄 모르고 나침반을 보거나 별자리를 해독하는 능력도 없이 바다 위를 헤매는 셈이다.

02

유년기 시절에 형성되는
나의 '감정 지도'

///

유년기의 경험은
대뇌에 지도를 형성하고,
성인이 되면 자율 주행하는 행동 지침이 된다.
좀 더 성장하려면 반드시 유년기에 만들어진
'감정의 지도'를 잘 살펴봐야 한다.
감정의 지도를 이해해야 원하는 인생 여정을
새롭게 시작할 수 있다.

미국에서 박사 과정을 밟는 동안 나는, 대학 내 상담 센터와 지역 상담 기관에서 심리 상담사로 일했다. 그때 어린이, 청소년, 대학생 그리고 인생의 여러 단계를 지나고 있는 성인 등 다양한 내담자를 만날 수 있었다. 나이와 상관없이 감정을 두려워하는 사람이 많다는 것도 그때 알게 되었다. 그들은 자신의 감정을 표현하는 걸 두려워할 뿐 아니라, 혹여 말실수를 해 내가 화를 내거나 힘들어하게 되는 것도 걱정했다.

칭칭(晴晴)이 바로 그렇게 타인을 잘 챙기는 성격의 여학생이었다. 대학생인 칭칭은 학업 성적이 우수하고 외모는 단정했다. 교내 활동에도 적극적으로 참여했고, 웹사이트를 운영하면서 사회 문제에 대한 의견을 여러 사람과 나누기도 했다.

이처럼 다채로운 생활을 보면, 칭칭을 '완벽'하다고 표현할 수 있을지 모른다. 그러나 상담 과정에서 나는 칭칭의 완벽해 보이는 모습이 감정 표현을 두려워하는 성향 때문에 형성되었다는 걸 알게 되었다. 칭칭은 특히 '부정적 감정'을 드러내는 걸 무서워했다.

나는 내담자들에게 상담실이라는 공간에서는 어떤 감정이든지 표현해도 된다고, 어떤 감정을 드러내도 받아 줄 수 있다고 격려한다. 칭칭에게도 이렇게 말했다.

"이곳에서는 내 감정을 신경 쓰지 않아도 돼요. 내가 하는 말이나 손짓 같은 신체 언어가 당신을 불편하게 한다면, 혹은 내가 당신을 평가하고 있다고 생각되면 언제든지 말해 주세요. 어때요?"

칭칭은 민망하게 웃으면서 대답했다.

"음, 그건 좀 어려울 것 같아요…. 지금 너무 긴장되는데요."

감정이 일어나는 순간은 내담자들이 감정을 인식할 수 있는 좋은 기회다. 나는 칭칭이 자기감정에 좀 더 가까워지게 하려 했다.

"그렇다면 충분히 시간을 들여서 당신의 내면을 느껴 봐요. 지금 당신의 몸에서 어느 부분이 긴장되어 있나요? 긴장이라는 건 어떤 느낌이죠?"

칭칭은 손으로 자기 목을 쓰다듬었다.

"목구멍 안에 뭔가 걸려 있는 느낌이에요."

"긴장이라는 감정과 잠깐 같이 있어도 되겠어요?"

칭칭이 고개를 끄덕였다. 나는 칭칭에게 눈을 감으라고 말했다. 손으로는 목을 만지면서 천천히 숨을 들이쉬고 내쉬라고 했다.

"긴장이라는 감정이 당신에게 어떤 말을 하는 것 같나요?"

몇 차례 심호흡을 한 칭칭이 대답했다.

"무서워요…. 제가 하는 말이 선생님을 기분 나쁘게 하면 어떡하죠? 선생님이 저를 싫어하게 되어서 상담을 거부할 것 같아요."

칭칭은 상담실에서 부정적 감정을 풀어내면 내가 화를 낼 거라고 걱정했다. 상담 중이 아닌 일상생활 전체에서 칭칭은 늘 겁냈다.

숨기면 독이 되고, 받아들이면 약이 된다

칭칭에게 부정적 감정은 전부 위험했다.

나는 칭칭에게 간단한 심리 테스트 활동을 제안했다. 먼저 종이에 동그라미를 크게 그렸다.

"여러 가지 감정을 나열해 볼게요. 어린 시절부터 지금까지 이런 감정이 일어났을 때 주변 사람들에게 용납되었다면, 동그라미 안에 그 감정을 써넣으세요. 그렇지 않은 감정이면 동그라미 바깥에 쓰고요. 어떨 때는 용납되고 어떨 때는 용납되지 않은 경우라면 선 위에 쓰세요."

즐거움, 슬픔, 화남, 두려움, 좌절, 수치심, 불안, 미안함, 실망, 질투, 명예로움 등의 단어를 읽어 줬고, 준비된 단어를 다 읽은 후 칭칭이 종이를 보여 줬다. 동그라미 안에는 '즐거움'만 써 있었고 다른 감정은 전부 바깥에 적혀 있었다.

어른이 되기까지 성장 과정에서 칭칭은 몹시 자기중심적인 어머니와 생활했다. 어머니는 집안의 주인공이었고, 모든 일이 어머니의 필요를 만족시키는 방향으로 흘러갔다. 칭칭의 필요는 조금도 중요하지 않았다.

칭칭은 기억할 수 있는 가장 어린 시절부터 부정적 감정을 표현하면 곧바로 어머니에게 야단을 맞았다. 화를 내면 "화내지 마, 어떻게 엄마한테 화를 낼 수가 있어!"라는 말을 들었고, 마음이 아파 울고 있으면 "울지 마, 이게 무슨 울 일이라고!"라는 말을 들었다.

칭칭은 용납되지 않았던 감정을 마음 깊숙이 숨겼다. 부모님에게는 즐거운 일이나 자랑스러운 일만 말했다. A 학점으로 가득한 성적표, 뛰어난 성과를 올린 교내 활동 같은 것들 말이다.

특히 자신의 나약한 부분은 절대 들키지 않도록 꼭꼭 숨겼다. 털어놓으면 이해받기는커녕 비판이나 질책이 돌아왔기 때문이다.

내면 감정과
외부 반응의 불일치

우리는 왜 몇몇 감정을 두려워하게 되었을까? 우리의 성장 경험과 관련 있다.

갓 태어난 아기도 여러 가지 감정을 느낀다. 영아 시기의 아기를 관찰할 기회가 있다면 유심히 살펴보길 바란다. 아기는 말을 하지 못하지만 감정 표현을 이용해 타인과 소통한다. 기분이 좋을 때는 미소를 짓거나 손발을 춤추듯 움직인다. 불편하면 낑낑거리거나 울음을 터뜨린다.

아기는 감정을 느끼지만, 각각의 감정이 무엇인지는 알지 못하며 감정을 어떻게 조절해야 하는지도 모른다. 그래서 부모 등 주요 양육자의 반응과 협조를 바탕으로 감정을 인지한다.

아기는 주요 양육자와의 상호 작용에서 자기감정을 어떻게 대해야 하는지 배운다. 아기가 기쁨을 느낄 때 부모가 기뻐하며 웃는 얼굴로 반응하면, 아기는 내면 감정과 외부 반응이 일치되었다고 인지한다. 내가 기쁠 때 엄마와 아빠도 기뻐하는구나 하고 말이다. 기쁨이라는 감정은 올바른 것이고 표현해도 되는 것이다.

마찬가지로 아기가 힘들고 괴로워서 울 때, 부모가 동등한 감정으로 반응한다면 어떨까? 예를 들어, 아기에게 "그런 일이 있어서 슬프겠구나"라고 말해 준다거나 부드러운 태도로 달래 주는 것이다. 그러면 아기는 힘들고 괴로운 감정 역시 올바른 것이라고 인지한다. 또한 부모의 반응을 보면서 괴로운 감정을 어떻게 조절해야 하는지 배운다.

이상적인 상황은, 부모가 아기의 모든 감정을 받아들이고 이해한다는 반응을 되돌려 주는 것이다. 그래야 아기가 감정 조절하는 방법을 배울 수 있게 도울 수 있다. 아기는 또한 모든 종류의 감정을 제대로 직시하고 인지할 수 있다. 아기는 **감정이란 무서운 게 아니라는 점, 감정은 그저 감정일 뿐이고 삶의 정상적인 일부분이라는 점을 알게 된다.**

안타깝게도 대부분의 부모가 칭칭의 어머니처럼 특정한 종류의 감정을 용납하지 않는다.

어린 시절의 칭칭을 상상해 보자. 화가 났을 때 엄마가 야단을 친다. "화내는 건 나쁜 거야!" 슬플 때도 엄마가 칭칭을 책망한다. "이게 뭐라고 울어?" 두려울 때는 엄마가 비웃는다. "너는 어쩌면 그렇게 겁쟁이니?"

꼬마 칭칭에게 있어서 내면 감정과 외부 반응이 계속 일치하지 않는 일이 벌어지는 것이다. 내가 슬플 때 엄마가 힘들어하면 안 된다고 하는 걸 보면, 분명히 나에게 문제가 있는 것이다. 또한 아이는 부모에게 의존할 수밖에 없다. 그래서 자신이 어떤 감정을 표현했을 때 부모가 불편해하는지 민감하게 알아차린다.

꼬마 칭칭은 이런 생각을 학습했을 것이다. '부정적 감정은 위험해. 이런 감정을 표현하면 엄마가 화를 낼 거야. 그러니 나는 이런 감정을 가져서는 안 돼!'

여러분도 칭칭이 한 것과 똑같은 심리 테스트를 해 보자. 어른이 되기까지 어떤 감정들이 용납되었으며 어떤 감정들이 자주 부정당했는가?

····· **용납된 감정 vs. 용납되지 않은 감정** ·····

동그라미 안에 감정들을 써넣어 보자. 성장 과정에서 어떤 감정이 용납되었다면 동그라미 안에 적는다. 용납되지 않았던 감정은 동그라미 바깥에 적는다. 어떨 때는 용납되고 어떨 때는 용납되지 않았던 감정은 동그라미를 그린 선 위에 적는다.

감정의 종류는 다음과 같다. 즐거움, 슬픔, 화남, 두려움, 좌절, 수치심, 흥분감, 불안, 미안함, 역겨움, 실망, 질투, 자랑스러움….
이상의 감정들을 전부 적은 후, 다음 질문에 대답해 보자.

① 동그라미 안의 감정이 일어날 때 당신은 어떤 반응을 보이는가?
② 동그라미 바깥의 감정이 일어날 때 당신은 어떤 반응을 보이는가?
③ 주변 사람이 동그라미 안의 감정을 표현할 때 당신은 어떤 반응을 보이는가?
④ 주변 사람이 동그라미 바깥의 감정을 표현할 때 당신은 어떤 반응을 보이는가?

감정 지도는 다시 그릴 수 있다

칭칭처럼 용납되지 않은 감정을 두렵거나 낯선 것으로 느끼거나 스스로에게 "이런 감정을 가져서는 안 돼"라고 말해 왔던 게 이상한 일은 아니다. 어린 시절의 경험이 당신에게, 이런 감정은 위험하니 재빨리 감추라고 말하고 있기 때문이다.

물론 세상에 완벽한 부모는 없다. 많은 부모가 아이에게 상처를 주곤 한다. 누구나 실수할 수 있다. 부모 역시 마찬가지다. 그러나 자식에게 상처를 주고 난 후 부모가 바로잡고 아이에게 사과하는 등 다친 마음을 원래대로 회복시켜 준다면 상처가 아물 수도 있다.

칭칭도 어린 시절에 어머니가 잠깐 화를 냈다가도 사과를 건넸다면, 그래서 건강한 방식으로 분노를 표현하는 본보기가 되었다면, 어른이 된 칭칭이 지금처럼 부정적 감정이 일어나는 걸 두려워하진 않았을 것이다. 안타깝게도, 칭칭의 성장 과정에서는 상처가 회복되는 일이 일어나지 않았다.

어느 숲길을 사람들이 끊임없이 지나다닌다면, 시간이 지날수록 흔적은 선명해지고 결국 확실한 길로 자리 잡게 된다. 점점 더 많은 사람이 그 길을 선택한다.

어린 시절의 경험이 우리 뇌에 만드는 지도 역시 이런 과정을 거쳐 형성된다. 신경계 회로에 깊게 뿌리 박혀 어른이 된 후에는 자율 주행하는 자동차처럼 그 길만 이용한다.

칭칭의 어린 시절 경험이 형성한 감정의 지도는 이렇게 말하고 있을 것이다. "부정적 감정은 위험해! 이런 감정을 가져서는 안 돼!" 어른이 된 칭칭은 여전히 이 지도가 가리키는 대로 움직이고 있다.

과거의 경험이 현재의 우리를 만든다. 심리 치료 과정에서 과거를 얘기해야 하는 이유다. 앞으로 나아가려면 반드시 뒤를 돌아봐야 한다.

어린 시절의 감정 지도를 펼쳐 놓고 꼼꼼히 살펴봐야 한다. 이런 검토 과정은 부모님을 원망하거나 어린 시절에 모든 잘못을 돌리는 시간이 아니다. 감정 지도가 어떻게 형성되었는지 스스로 더 잘 이해하기 위한 시간이어야 한다.

지도의 형성 과정을 이해하고 나면 지도를 고쳐 그릴 수 있다. 낡은 지도에 표시된 길을 맹목적으로 따라가는 게 아니라 내가 가고 싶은 길을 걸어갈 수 있는 것이다.

원가족에게
영향을 받을 수밖에 없다

누구나 감정을 대하는 방식에 있어 원가족 구성원이 감정을 어떻게 다루었는지에 큰 영향을 받는다.

다음 질문에 직접 대답해 보길 바란다. 이 질문들에는 정답이 없으며, 단번에 확실한 답을 찾아내지 않아도 좋다. 각자 생각한 답변을 써 보길 바란다.

질문에서 '가족'이라고 지칭하는 대상은 반드시 낳아 준 부모가 아니어도 좋다. 어린 시절 가장 많은 시간을 함께 보낸 사람, 조부모나 친척이어도 상관없다.

당신의 원가족 구성원 사이에서 감정을 드러내거나 다루는 방식이 어떠했는지 생각해 보자.

- 당신의 주요 양육자는 공개적으로 감정을 표현했는가? 아니면 감정을 숨기는 편이었는가?
- 원가족 내에서 어떤 감정이 허용되었으며 또 허용되지 않았는가?
- 기쁨의 감정을 공개적으로 드러내는 것은 허용되었는가?
- 분노 혹은 슬픔의 감정을 공개적으로 드러내는 것은 허용되었는가?
- 가족 구성원은 감정이 일어날 때 어떤 반응을 보였는가?
- 가족 구성원은 서로 사랑하는 감정을 표현했는가?
- 가까운 사람의 죽음 등 상실을 경험했을 때 가족 구성원은 어떻게 애도했는가? 슬픔을 드러냈는가? 서로 상실감에 대해 이야기를 나눴는가?

이번에는 어린 시절 당신에게 어떤 감정이 일어났을 때 가족 구성원의 반응이 어땠는지 생각해 보자.

- 가족들이 당신에게 공감했는가? 당신이 그 감정을 잘 처리할 수 있도록 도와줬는가?
- 가족들이 당신에게 화를 내거나 야단쳤는가?
- 가족들이 침묵하거나 자리를 떠나거나 여타 다른 방식으로 반응하지 않았는가?
- 가족들이 당신의 감정을 부정했기 때문에 '이런 감정을 가져서는 안 된다'고 느꼈는가?

· 가족들이 당신을 모욕해서 부끄럽거나 수치스러웠는가?

· 가족들이 당신에게 반응하는 방식은 예상 가능했나? 항상 똑같았는가, 아니면 이랬다저랬다 했는가?

· 어린 시절 당신에게, 감정을 느끼는 일은 안전하게 여겨졌는가?

미국 심리 치료사 로널드 프레드릭(Ronald Frederick) 박사는 '감정 기후(Emotional Climate)'라는 용어로 어린 시절 원가족 내에서의 감정적 환경을 설명했다. 그는 감정 기후를 네 종류로 구분했다.

(1) 햇살 좋은 맑은 날씨: 이런 가정에서는 모든 감정이 허용된다. 누구나 편안하게 자신의 감정을 드러낼 수 있다. 감정을 표현하는 게 안전한 일이며 가족 구성원은 서로 감정을 드러내고 탐색하는 걸 격려한다.

(2) 차가운 바람이 씽씽 부는 날씨: 이런 가정에서는 모든 구성원이 마치 감정이 없는 것처럼 보인다. 감정은 드러내서는 안 되는 것이며 논의의 대상도 아니다. 당신에게 감정을 어떻게 인지하라든가 어떻게 직시하라고 가르쳐 주지 않았다. 모든 감정은 차갑게 얼어붙어 있다.

(3) 폭풍우 치는 날씨: 이런 가정에서는 감정을 드러내면 폭풍우가 치는 것처럼 격렬한 비판과 질책이 뒤따르고 수치심, 분노, 처벌 등이 이어진다. 감정을 드러내면 위험하다. 감정을 표현하는 순간 폭풍우가 치기 때문이다.

⑷ 혼합형 날씨: 이런 가정에서는 앞에서 설명한 세 종류의 날씨가 혼재되어 나타난다. 어떨 때는 햇살이 반짝이고, 어떨 때는 차가운 바람이 불다가, 갑자기 폭풍우가 치기도 한다. 당신은 가족 내 감정 기후가 어떨지 예측할 수 없고, 당장 오늘 날씨가 어떨지도 알지 못한다.

칭칭의 가족들은 폭풍우형이었다. 어떠한 부정적 감정이라도 곧장 폭풍으로 이어졌다. 그래서 칭칭은 완벽해 보이는 가면을 쓰고서 긍정적 감정만 드러내며 살았다. 부정적 감정이 생기면 스스로 꾸짖었다. "이런 감정을 가져서는 안 돼!", "화낼 일도, 힘들어할 일도 아니야!" 칭칭은 생존하기 위해 자신을 보호하는 방법을 터득한 것이다.

위의 네 가지 감정 기후에 대해 이해했다면, 당신의 원가족이 어떤 유형이었는지 생각해 보자. 당신이 이미 가정을 꾸렸다면, 지금의 가족은 어떤 유형의 감정 기후를 가지고 있는지도 생각해 보자.

03

감정을 느끼는 일에도
마비가 있다

/// **방어기제** ///

높은 담장을 세우면 비바람을 막을 수 있지만,
햇빛과 맑은 공기, 이웃과의 교류도 막힌다.
이처럼 감정 마비도
고통을 느끼지 못하도록 막아 주지만,
세상을 구성하는 감동과 아름다움도
느끼지 못하게 막아 버린다.

본격적으로 방어기제를 탐구하기에 앞서, 열심히 살아온 당신이 은퇴하게 되었다고 상상해 보자. 당신은 조용한 곳에서 마음껏 은퇴 생활을 즐길 생각이었다. 아예 작은 섬으로 이사하기로 했다. 살집도 직접 설계해 지었다.

이 집에서 당신은 매일 아침 창문을 열어 신선한 공기를 마시고 풀벌레 소리와 새소리를 들으며 지냈다. 공들여 식물을 돌봐 주고 흔들의자에 앉아 책도 읽었다. 아주 만족스러웠다.

그런데 새집에 온 지 얼마 되지 않아 태풍이 나가온다는 소식이

들렸다. 아주 거대하고 강력한 태풍이라고 했다. 당신은 태풍이 오기 전 창문에 테이프를 붙이거나 모래주머니를 쌓아 올리고 정원에 있던 화분을 일일이 집 안으로 들여다 놓는 등 태풍 피해를 예방하기 위한 조치를 취했다.

태풍이 한바탕 섬을 휩쓸고 간 후에는 테이프를 제거하고 모래주머니는 원래 있던 자리에 가져다 놓았다. 당신은 바람 때문에 엉망진창이 된 집 주변을 정리하며 '이렇게 고생스러운 하루를 보냈으니, 내일은 다시 햇빛과 여유로운 시간을 즐길 수 있겠지?'라고 생각했다.

그런데 얼마 지나지 않아 또 다른 태풍이 섬을 강타할 거라는 예보를 들었다. 어쩔 수 없이 태풍을 대비하며 하루를 보냈고, 태풍이 지나간 후에는 또 종일 집 안팎을 정리했다. 안타깝게도 일주일 후에 또 다른 태풍이 찾아왔다.

그제야 당신은 이 아름다운 섬이 1년 내내 1~2주에 한 번씩 태풍이 찾아오는 곳이라는 사실을 알게 되었다. 섬 생활과 직접 지은 집을 몹시 사랑했지만 태풍이 올 때마다 대비하고 정리하느라 엄청난 시간과 에너지를 소모하기 싫었던 당신은, 튼튼한 철근과 콘크리트로 집 주변에 높은 담장을 쌓고 철제 지붕을 올려 집과 외부를 완벽히 단절시켰다.

담장과 지붕을 만든 당신은 '이제야 한시름 놓겠군!' 하고 생각했다. 더는 태풍 대비나 사후 정리를 걱정할 필요 없이 좋아하는 일을 하며 시간을 보낼 수 있게 되었다.

집을 둘러싼 장벽 덕분에 당신의 집은 태풍으로부터 안전했다. 하지만 햇빛과 신선한 공기도 들어오지 못하고 친구도 찾아오지 못했다. 타인과의 어떤 접촉도 없이 텅 빈 집에서 혼자 지내는 당신은 깊은 외로움을 느꼈다.

감정을 느끼지 못하게 만드는 방어기제

위의 이야기에서 나오듯, 쉬지 않고 불어닥치는 태풍처럼 사람들은 대부분 어른이 되기까지 끊임없이 여러 가지 어려움을 겪는다. 그 시련이 폭행, 정서적 학대, 가정 폭력, 성폭력, 부모의 심각한 다툼, 양육 소홀, 가족 구성원의 약물·알코올 중독, 정신 질환자 부모의 무책임한 행동, 위험한 거주 환경, 학교에서의 괴롭힘 등이라면 분명 이루 말할 수 없는 고통일 것이다.

마음의 태풍이 한 번만 왔다 간다면, 바람과 비가 그친 후에 다치고 부서진 것을 정리하거나 되돌려 놓을 수 있다. 그러나 폭풍우가 자주 찾아온다면, 우리 몸과 뇌는 폭풍에 맞서 싸울 때 최소한의 에너지만 쓸 수 있도록 자신을 보호하려는 행동을 취한다. 다시 말해 태풍을 막고자 튼튼한 철근으로 담장을 세우는 것이다.

태풍이 오기 전에 대비 작업을 하고 태풍이 지나간 후에 보수 작업을 하는 과정을 계속 반복하는 건 엄청난 에너지가 요구되는 일이기 때문에, 몸과 마음이 견디지 못한다. 그래서 가장 덜 힘든 방법, 즉 장벽을 만드는 방법으로 자신을 보호하는 것이다.

어린 시절 정서적으로 고통받는 상황을 여러 차례 겪으면, 자연스럽게 마음에 장벽을 둘러친다. 이렇게 해서 어떤 감정도 느끼지 않는 상태를 '감정 마비'라고 한다.

감정 마비는 마음이 살기 위해 만들어 내는 중요한 방어기제다. 특히 부모의 보살핌이 필요해서 반항조차 할 수 없는 어린이들에게, 감정 마비는 상처 주는 환경을 견디며 살아가는 가장 좋은 방법이다. 방어기제에는 아무 감정도 느끼지 않는 감정 마비 외에도 자아 정체감을 잃어버리는 해리성 장애, 폭음과 폭식, 내면화된 부정적 생각 등 다양한 종류가 있다.

나는 상담할 때 내담자가 어떤 방어기제를 가지고 있더라도 자신만의 방어기제를 형성한 과정을 존중하려고 노력한다. 또한 방어기제를 사용한다고 해서 '문제 있는 인간'이라는 뜻이 아니라고 강조하며, 이런 심리적 전략을 가진 당신은 고통으로부터 회복하는 힘을 가진 강인한 사람이라고 격려한다.

하지만 이런 환경에서 자란 사람은 어른이 되어 상처 주는 환경

을 떠나서도 계속 방어기제를 쓰면서 살기 십상이다. 살아갈 수 있
게 도와줬던 심리적 보호 수단인 방어기제가, 이제는 자신과 주변
사람을 상처 입히는 것이다. 앞에 나온 이야기에서 비바람을 막아
주는 장벽이 햇빛과 신선한 공기, 이웃과의 교류마저 막아 버렸던
것처럼 말이다.

감정 마비라는 방어기제는 고통을 느끼지 않게 해 주는 대신 세
상 그 어떤 감동과 아름다움도 느끼지 못하게 막아 버린다. 감정을
느끼지 못하는 사람은, 살면서 꼭 필요한 사람과 사람 사이의 진실
한 소통도 이룰 수 없다.

감정 마비는 상당히 극단적인 형태의 방어기제다. 일반적으로 난
관에 부딪혔을 때 고통을 느끼지 않으려고 만들어 내는 방어기제
중에 가장 흔한 건 '스스로를 바쁘게 만들기'다.

고통을 잊기 위해
더 바쁘게 지냈던 징징

징징(菁菁)은 대학 2학년 가을 학기에 상담실을 처음으로 찾아왔
다. 1년 전 갓 대학에 입학한 새내기 징징은 다양한 활동에 참여하
려고 여러모로 노력했다.

입학한 지 한 달쯤 지난 어느 날 밤, 징징은 잘 모르는 여학생들

과 파티에 갔다가 다음 날 아침 낯선 방에서 알몸으로 눈을 떴다. 무슨 일이 벌어졌었는지 아무것도 기억나지 않았다. 징징은 서둘러 옷을 입고 기숙사로 돌아왔다.

그 일에 대해서는 스스로 "별일 아냐, 심각하게 생각할 필요 없어"라고 되뇌었다. 심지어 그날 오후에도 원래 계획한 대로 친구와 함께 교외로 소풍도 갔고, 그 누구에게도 그 사실을 알리지 않았다.

그 후 1년 동안 징징은 그날 일을 생각하지 않기 위해 갖은 노력을 다했다. 그 방법 중 하나가 바로 스스로를 눈코 뜰 새 없이 바쁘게 만드는 것이었다.

다양한 여학생 동아리와 학생회 모임에 가입해 행사를 주최하러 다녔고, 친구의 일을 해결하는 데 발 벗고 나섰다. 그러고도 남는 시간에는 파티에 가거나 친구의 고민 상담을 해 줬다.

내가 "그렇게 많은 일을 소화하려면 숨 돌릴 틈도 없겠군요"라고 말했을 때, 징징은 밝게 웃으며 "맞아요, 저는 제 시간이 하나도 없어요!"라고 대답했다.

징징이 바쁘게 사는 이유는 단순했다. 자기 자신을 쉴 틈 없이 바쁘게 만드는 건 아주 효과적인 방어기제다. 마음속 소리를 들으려면, 우선 삶의 속도를 늦추고 바쁜 발걸음을 멈춰야 한다.

매일 다양한 외부 자극에 관심을 기울이고 외부 활동에만 시간을 쏟으면, 정작 내면세계를 들여다보거나 마음속 목소리를 듣고 감정을 느낄 시간은 없다.

징징은 '잠시 멈춰 서는 것'이 두려웠기 때문에 자기 자신을 바쁘게 만들었다. 일단 멈춰 서면 성폭행이라는 고통스러운 기억이 떠올랐기 때문이다.

감정을 느끼지 않기 위해 바쁘게 사는 행위에는 강한 중독성이 있어서 주변에서도 흔히 찾아볼 수 있다. 브레네 브라운 교수는 자신의 저서에서 "바쁜 생활 중독자들을 위한 상담 치료 모임을 열려면 미식축구장을 빌려야 할 것이다. 세상에는 바쁜 생활 중독자가 너무나도 많다"라고 했을 정도다.

안타깝게도 우리 사회는 바쁜 생활 중독자들을 부지런하다고 칭찬하고, 심지어 성공을 손에 거머쥔 멋진 사람이라고 오해하기도 한다.

중독은 고통에서
벗어나려는 몸부림이다

징징은 자신의 감정을 억압하는 방법으로 바쁜 삶을 선택했지만, 감정을 느끼지 않기 위해 마약, 술, 일, 쇼핑, 인터넷, SNS, 게임, 음식, 음란물, 섹스 또는 돈, 지위, 권력 등 다른 것에 중독되는 사람들도 있다.

오랫동안 마약 중독자 치료에 전념해 온 캐나다 의사 가보르 마테(Gabor Maté)는 "중독을 이해하려면, 중독에 의한 문제를 볼 게 아니라 중독 행위로 어떤 이득을 얻는지 진지하게 고민해야 한다"고 말한다.

오랫동안 코카인, 헤로인, 모르핀에 중독된 마테의 환자들은 중독 때문에 건강, 직장, 가족을 잃는 건 물론 목숨까지 위태로워졌지만, 그 누구도 중독 행위를 멈추지 않았다. 심지어 어떤 환자는 마테에게 "죽는 것보다 살아 있는 게 더 무섭다"고 말했다.

마테는 중독 환자들과 상담을 진행하면서 그들 모두 유년기에 성폭력, 폭행, 유기 등 심각한 학대를 경험한 적이 있으며 끊임없이 몰아치는 정서적 폭풍에 노출된 적이 있다는 걸 알게 되었다. 그들은 고통을 조금이라도 덜어 내고자 마약에 손을 댈 수밖에 없었고, 일시적으로나마 마음의 평화를 찾을 수 있었다.

이렇듯 사람들은 고통을 경감시키고 공허하고 부족한 내면을 채우기 위해 무언가에 중독된다.

징징처럼 중독된 채 살아갈 수밖에 없는 내담자들은 모두 고통스러운 감정과 마주하는 걸 두려워하고, 이 때문에 여러 중독 행위 혹은 방어기제를 통해 감정을 억누르며 살아간다.

그래서 나는 상담실을 찾아오는 내담자가 자기 내면의 감정과 마주하고 그 감정에 다가갈 수 있도록 도와주려 한다. 오로지 자기 자신이 직접 감정을 느끼고 이해하며 감정에 대한 두려움을 없애야 서서히 방어기제를 내려놓을 수 있다.

방어기제가
무조건 나쁜 것만은 아니다

방어기제 자체는 좋은 것도 나쁜 것도 아니다. 사실 시시각각 자신의 감정을 살펴보고 느끼기란 어렵다. 누구나 직업, 생계, 육아 등 의무적으로 처리해야만 하는 일이 있으니 말이다. 그래서 우리는 종종 방어기제를 통해 감정이 드러나는 걸 막아 버리곤 한다.

하지만 여기에는 반드시 알아야 하는 중요한 포인트가 있다. 당신은 자신이 어떤 방어기제를 사용하는지 알고 있는가?

자신의 방어기제가 무엇인지 아는 사람이라면, 안전하다고 생각될 때 방어기제를 내려놓고 제대로 감정을 느끼는 법도 알고 있을 것이다. 그러나 자신이 어떤 방어기제를 사용해 감정을 밀어내는지 깨닫지 못하면 어떻게 될까? 억압했던 감정은 사라지는 게 아니라 우울증, 불안 장애, 심장혈관 질환, 두통, 위장 장애, 면역 질환 등으로 찾아와 몸과 마음을 병들게 할지도 모른다.

자신의 방어기제를 이해하는 게 중요하다. 다음의 심리 테스트를 통해 자신의 방어기제에 대해 살펴보자.

방어기제는 자신의 진짜 감정에 접촉하지 못하게 하는 모든 방법을 가리킨다. 생각일 수도 있고, 반응이나 행동일 수도 있다. 아래의 예시는 흔히 나타나는 방어기제들이다. 자신이 평소 어떤 방어기제를 사용하는지 충분히 생각해 보자.

☐ 미소 혹은 소리 내어 웃는 웃음

☐ 농담

☐ 화제 전환

☐ 조롱

☐ 체념

☐ 끊임없이 말하기, 엉뚱한 소리 하기

☐ 침묵, '이 일은 떠올리지 말자'라고 생각하기

☐ 미루기, 회피하기(예를 들어 거절이 두려워서 아예 시도조차 하지 않는 것 등)

☐ 타인 혹은 자신을 비판하기

☐ 자신이 남보다 우월하다고 생각하기

☐ 자기 합리화, 핑계 대기

☐ '이건 별일 아니야'라고 생각하기

☐ 자신을 바쁘게 만들기(쉬지 않고 일하거나 일정을 꽉 채우는 것)

☐ 냉담한 척하기, 자신과 상관없는 일이라는 태도

☐ 애매하게 말하기("난 괜찮아", "아무 일도 아니야" 등)

☐ 다른 일로 신경 분산하기

☐ 상황을 부정하거나 실제보다 가볍게 여기기

□ 분노, 폭력적 행동

□ 과도하게 생각을 거듭하거나 분석하기

□ 자신의 생각이나 감정을 타인에게 투사하기

□ 중독(인터넷, 온라인 게임, 음식, 쇼핑, 직장 업무, 알코올, 재물, 성행위, 포르노 등)

□ 감정 마비

□ 해리(자신의 신체를 제 것이 아닌 것처럼 느끼는 것)

□ 폭음 혹은 폭식

□ 자해

□ 자살 충동

다음 질문에 답해 보자. 당신이 바로 직전에 방어기제를 사용한 건 언제인가? 어떤 일이 있었으며, 어떤 방어기제를 사용했는가? 또한 배우자, 직장 동료, 자식 등 주변 사람을 떠올리면서 그들은 주로 어떤 방어기제를 사용하는지 생각해 보자.

물론 위에 나열한 방어기제가 전부는 아니다. 앞으로도 여러 가지 방어기제를 계속 언급하게 될 것이다. 만약 당신이 여기 나열된 것 외에 다른 방어기제를 떠올렸다면 아래에 적어 보길 바란다.

_____

_____

_____

04

아직 '일어나지 않은 일'에
관하여

/// **트라우마** ///

심리적 상처 중에서도
어린 시절 거듭된 상처를 직시하려는 사람은,
상처받았던 사건 혹은 자신의 방어기제를
다시 살펴보는 것 외에
'일어나지 않았던 일'에 대해
생각해야 한다.

벽시계 초침이 째깍째깍 소리 내며 움직였다. 나는 시계를 흘끗
보았다. 오후 4시 58분이었다. 나는 대기실 쪽을 바라보았다. '그래,
아직 오지 않았군.' 나는 이메일 계정을 열어 새로 온 편지가 없는
것과 전화기에 남겨진 메시지가 없는 것도 확인했다. '오늘은 꼭 오
겠지.' 나는 다시 상담 파일을 열고 자료를 읽었다.

지역 사회의 상담 기관에서 일할 때, 위탁 가정 혹은 입양 가정에
서 자란 내담자를 많이 만났다. 그 아이들은 대개 중국, 베트남, 러
시아, 아프리카 등에서 미국으로 입양되었다. 사실 나는 위탁 양육

이나 입양에 관련된 문제를 잘 알지 못했다. 상담을 여러 차례 거치며 원가족에게서 심각한 마음의 상처를 입은 아이들을 이해할 수 있었는데, 웨이웨이(薇薇)가 그런 아이였다.

웨이웨이는 열여섯 살 소녀였다. 예쁜 금발 머리에, 상담실에 올 때마다 검은 치마와 검은 롱코트를 단정히 입고 있었다. 그녀는 여섯 살 때 러시아에서 미국으로 와 지금의 어머니에게 입양되었다.

웨이웨이를 처음 만났을 때, 그 아이는 우울증, 자해, 자살 충동, 등교 거부, 학업 부진 등의 문제를 가지고 있었다. 그 밖에도 지역 내 불량아들과 어울렸고 심각한 니코틴 중독에 빠져 있었다. 가끔 몰래 마리화나도 피웠다.

웨이웨이는 학대와 폭력으로 얼룩진 연애를 몇 차례 경험했으며, 어머니와는 거의 매일 싸웠다. 어머니와 가장 많이 싸우는 일이 심리 치료를 받는 것이었다.

어머니는 웨이웨이가 심리 치료를 받아야 한다고 생각했지만, 정작 본인은 상담에 함께하지 않으려 했다. 둘은 매주 한 번씩 '오늘 상담 센터에 갈 것인가'를 두고 격렬한 전쟁을 벌였다. 그렇게 월요일 오후 다섯 시마다 웨이웨이가 상담실에 나타날지 아닐지 짐작할 수 없었다.

나는 웨이웨이가 상담을 받지 않으려 하는 마음을 이해할 수 있었다. 심리 치료 과정에서는 반드시 이전에 벌어진 고통스러운 일을 마주해야 하기 때문이다. 웨이웨이는 자신의 상처를 상자 안에 넣고 잠가 버렸고 그 상자를 열어 볼 생각이 조금도 없었다.

웨이웨이가 겪은 어쩔수 없던 일들

1998년 미국의 의사 빈센트 펠리티(Vincent Felitti)는 '어린 시절의 부정적 경험 연구(Adverse Childhood Experiences Study, 약칭 ACE 연구)'를 발표하여 유년기의 부정적 경험과 심신 건강의 관련성을 밝혔다.

ACE 연구에서는 1만 7천여 명의 성인에게 유년기의 부정적 경험에 관한 설문 조사를 실시했다.

이 설문 조사에서는 유년기의 부정적 경험으로 신체 폭력, 성폭력, 정서 폭력, 정서적 방임, 신체적 방임, 부모의 이혼, 친부모와의 결별, 부모의 심리 질환, 가족의 알코올 및 약물 중독, 가족의 감옥 수감 등 열 가지를 제시했다.

이중 몇 가지 상황을 겪었는지에 따라 점수를 매긴다. 한 가지라면 1점, 두 가지라면 2점이 된다. 이 점수가 ACE 지수인데, 0에서 10까지 나뉜다. ACE 지수가 높은 사람은 성인이 되어서도 높은 확률로 각종 신체적·심리적 질환을 겪는다.

ACE 연구를 알게 된 후, 나는 대부분의 상담 과정에서 내담자

ACE 지수를 확인하곤 했다. 웨이웨이는 두 살까지 원가족과 생활했다. 부모님은 심각한 약물·알코올 중독자였고 신체적으로, 심리적으로 영유아기의 아이를 돌볼 능력이 없었다. 웨이웨이는 두 살에 고아원으로 보내졌고, 여섯 살에 입양됐다. 두 살의 웨이웨이는 ACE 지수가 4점이었는데, '확실히 일어난 일'만 계산한 것이었다.

두 살부터 여섯 살까지 웨이웨이는 러시아의 고아원에서 자랐다. "우리는 음식이나 장난감을 숨겨 둬야 했어요. 그러지 않으면 누군가 훔쳐 가거든요." 웨이웨이가 한 말이다. 고아원에 보육자 수가 부족했기 때문에 아이들이 충분한 보살핌을 받기가 어려웠다. 고아원이라는 조그만 사회에는 괴롭힘과 다툼이 만연했다.

이것 역시 웨이웨이가 겪어야 했던 부정적 경험이다. 나는 상담실에서 수많은 내담자를 만나지만, 그들의 고통스러운 유년기의 경험을 들을 때마다 마음이 아프다. 어떤 어린아이도 이런 일을 겪어서는 안 된다.

누구나 생존을 위한
방어기제를 만든다

'일어난 일' 외에도 부정적 경험이 일어나는 환경에서 살아남기 위해 어떤 방어기제를 형성하는지 살펴봐야 한다.

웨이웨이의 경우, 그 아이의 생존을 도운 건 마음에 둘러친 철근과 콘크리트의 두꺼운 장벽이었다. 웨이웨이는 감정이 완전히 마비되어 있었다. 타인을 믿지 못했거니와 타인에게 의존한다는 생각 자체를 하지 않았다.

그녀를 입양한 양어머니도 마찬가지였다. 웨이웨이가 보기에 양어머니는 친어머니가 그랬듯 언젠가는 자신을 버릴 사람이었다. 어차피 버려질 거라면 양어머니에게 아무런 기대감도 갖지 않아야 했다. 양어머니와의 사이에 감정이 생겨나면 나중에 버려졌을 때 겪을 고통이 더 클 것이기 때문이다.

웨이웨이와의 상담은 나를 매번 좌절시켰다. 그 아이가 상담실 소파에 앉아 있을 때, 나는 거대한 벽이 나와 웨이웨이 사이를 가로막고 있는 것처럼 느꼈다. 나는 그 아이에게 조금도 다가갈 수 없었다. 웨이웨이는 무덤덤한 표정으로 "몰라요", "신경 안 써요", "마음대로 하세요"라고 말하거나 침묵했다.

감정 마비 및 타인에 대한 불신은, 웨이웨이가 심리적 고통을 겪는 환경에서 자신을 보호하기 위해 선택한 방어기제다. 방어기제 덕분에 어린 웨이웨이가 더 심하게 상처받지 않을 수 있었다. 하지만 그 방어기제는 지금 웨이웨이가 겪고 있는 고통의 원인이기도 했다.

열여섯 살이 된 웨이웨이는 유년기의 힘든 환경에서 일찌감치 벗어난 상태였다. 그러나 그 아이의 정서적 뇌와 신체 등은 그 사실을 인지하지 못한 채 계속해서 과거의 방어기제를 사용하고 있었다.

감정을 느끼는 능력과 타인과 유대 관계를 맺는 능력에 있어서 웨이웨이는 텅 빈 껍데기와 같았다. 또한 타인에 대한 불신은 심리 치료 과정에서 큰 난관으로 작용했다. 웨이웨이에게 '타인'이란 위험할 뿐만 아니라 언젠가는 자신을 버릴 대상이었으며, 나도 마찬가지였다.

유년기에 마땅히
일어났어야 할 일들

트라우마의 심리 치료와 관련된 교육을 받으면서 깨달은 것은, 상처받은 내담자(특히 어린 시절 지속적으로 부정적 경험을 한 경우)를 대할 때 그들에게 일어난 일과 방어기제 외에도 '일어나지 않은 일'에 주목해야 한다는 사실이다. 일어났어야 했지만 일어나지 않은 일들 말이다.

갓난아기는 주요 양육자와의 상호 작용에서 자기 자신과 외부 세계를 인지한다. 이상적인 경우, 갓 태어난 웨이웨이가 배가 고프거나 용변을 보거나 여러 가지 이유로 불편함을 느끼면 부모가 웨이웨이의 울음소리를 듣고 알아차렸을 것이다. 젖을 먹이거나 기저 귀를 갈아 주고 안아서 달래 줬을 것이다.

사소하지만 누적되는 상호 작용을 거치면서, 웨이웨이는 부모와 안정적인 애착 관계를 형성했을 것이다. 편안한 침대가 항상 자신을 받쳐 줄 거라는 사실을, 타인은 믿을 수 있는 존재이며 이 세상이 안전하다는 사실을 배웠을 것이다. 또한 어떤 감정이 일어나면 부모의 도움을 받으며 감정을 느끼는 법과 감정을 조절하고 가라앉히는 법을 익혔을 것이다.

건강한 유년기에 마땅히 일어났어야 할 일이다. 불행하게도 웨이웨이의 친부모는 약물·알코올 중독 문제 때문에 '마땅히 해야 할 일'을 하지 못했다. 그 때문에 웨이웨이는 유년기의 건강한 성장 발단 단계를 거치지 못했다.

감정을 배우는 필수 과정이 없었다. 웨이웨이는 감정을 몹시 두려워했다. 상담 과정에서 이렇게 말한 적도 있다. "무서워요, 선생님. 감정이 일어나면 어떻게 해야 할지 모르겠어요." 자신의 감정이 두렵기 때문에 웨이웨이는 우울감, 감정 마비, 담배나 마리화나, 자해 행동 등 방어기제를 계속 사용할 수밖에 없었다. 무섭기만 한 감정을 느끼지 않게 했다.

심리적 상처에서 벗어나 회복하기 위해 웨이웨이는 감정과 제대로 대면하고 접촉하는 법을 배워야 했다. 유년기에 미처 익히지 못한 감정을 느끼는 능력을 이제라도 배워야 하는 것이다.

그러나 웨이웨이는 그 이후로 상담실에 나타나지 않았다. 내담자가 상담을 포기할 때마다 나는 복잡한 감정을 느낀다.

상담사로 일하면서 자주 겪는 일이자 제대로 처리해야 하는 심리적 문제다. 상담 과정을 돌이켜 보면서 잘못된 점이 없었는지 생각하기도 하고, 한편으로는 상담실에 오지 않은 내담자를 이해하는 마음도 든다.

어느 누구도 다른 누구에게 '치료'를 강요할 수 없다. 언젠가 준비되었을 때 다시 한 번 상처를 치유하겠다는 용기를 내 주길 바랄 뿐이다.

자신의 트라우마를 살펴보기

다음의 열 가지 질문은 ACE 설문 조사에서 가져왔다. 질문에 '예'라고 답하면 1점, '아니요'라고 답하면 0점이다. 각자 자신의 ACE 지수를 계산해 보자.

ACE 설문 조사는 유년기의 부정적 경험만을 대상으로 하는데, 그 밖에 다른 종류의 부정적 경험으로 상처받았다면 그에 관해서는 질문 아래에 작성하기 바란다.

(1) 일어난 일

열여덟 살이 되기 전에 아래와 같은 느낌을 받은 적이 있는지 서술하라.

① 아버지 혹은 어머니, 그 외 다른 어른들이 당신을 자주 심하게 야단 치거나 모욕하거나 경멸하는 말을 했는가? 또는 당신이 느끼기에 신체적인 상해를 입을 가능성이 있는 일을 했는가?

② 아버지 혹은 어머니, 그 외 다른 어른들이 당신을 자주 밀거나 잡아 당기거나 때리거나 물건을 던지는 일을 했는가? 또는 당신의 몸에 상처가 나거나 멍이 들거나 그 이상으로 심한 부상을 입을 만한 일 을 했는가?

③ 부모 혹은 가족 구성원 중의 다른 어른들이 당신이 좋아하지 않는 방식으로 당신의 몸을 만지거나 당신에게 그들의 몸을 만지게 한 적이 있는가? 또는 당신에게 어떤 방식으로든 성적인 행동(구음, 항문 성교 및 성교 등)을 요구한 적이 있는가?

④ 가족 중 누구도 당신을 사랑하지 않는다거나 당신이 중요하고 특별 한 존재라고 생각하지 않는다는 느낌을 받은 적이 있는가? 또는 가 족 구성원이 서로 보살피고 친밀하며 의지하는 관계가 아니라고 느 낀 적이 있는가?

⑤ 충분한 음식을 제공받지 못했거나 더러운 옷을 입어야 했는가? 아 무도 당신을 보호해 주지 않는다고 느꼈는가? 또는 부모가 술이나 약물에 취해서 당신을 돌보는 일에 소홀하다고 느꼈는가(예를 들어 당 신이 아플 때 병원에 데려가지 않는 일 등)?

⑥ 친아버지 혹은 친어머니 중 한 사람과 헤어진 경험이 있는가(이혼, 양 육 포기 및 기타 사유로)?

⑦ 아버지 혹은 어머니가 당신을 밀거나 세게 붙잡거나 차거나 물건을 던지거나 칼 등으로 위협한 적이 있는가?

⑧ 알코올이나 약물에 의한 중독 문제가 있는 사람과 같이 생활한 적

이 있는가?

⑨ 당신과 같이 생활한 적 있는 사람 중에 우울증 혹은 다른 심리 질환을 앓은 사람이 있는가? 또는 그들 중에서 자살을 기도한 사람이 있는가?

⑩ 당신의 가족 중에서(또는 같이 생활한 사람 중에서) 감옥에 수감된 사람이 있는가?

여기에 제시한 유년기의 부정적 경험 열 가지 외에도 트라우마로 남은 일이 있다면 어떤 것이든 적어 보자.

_____

_____

_____

(2) 방어기제

어떤 방어기제를 가지고 있다고 생각하는지 적어 보자.

_____

_____

_____

(3) 일어나지 않은 일

일어났어야 하는 일이 부정적 경험으로 일어나지 않았다면, 어떤 것들인지 적어 보자. 예를 들면, 삼성을 어떻게 소설해야

하는지 배우지 못했다거나 감정을 표현하고 건강한 방식으로
다투는 법을 배우지 못했다는 것 등이 있다.

_____

_____

_____

05

감정의 파도에 휩쓸려
떠내려가지 않으려면

///

감정이 파도라면,
우리는 서핑을 배워야 한다.
감정의 파도가 당신을 향해 밀려올 때,
당신은 서핑 보드를 타고서
파도의 흐름에 몸을 맡겨야 한다.

상담실에서든 일상생활에서든 감정을 두려워하는 게 삶의 가장
큰 걸림돌인 사람을 자주 마주친다.

감정을 낯설게 여기면 시간이 지날수록 감정에 가까이 다가갈 수
없게 된다. 감정을 느끼는 걸 두려워하게 되는 것이다. 그래서 많은
사람이 좌절을 두려워해 도전하지 않는다. 거절당하는 게 두려워
사랑을 머뭇거린다. 알지 못하는 걸 두려워하고 불안해하다 보니
변화를 싫어한다.

감정을 두려워하기 때문에, 자신을 두꺼운 장벽의 마음 감옥에

가두고 원래 있던 자리에서 한 발짝도 벗어나지 못하는 것이다.

마음 감옥에 가만히 있으면 안전하고 익숙하다. 그렇지만 삶에서 유대감을 느끼지 못한다. 세상과의 유대, 타인과의 유대가 불가능하다. 가장 중요한 문제는 자기 자신과의 유대감도 느끼지 못한다는 것이다. 사람과 사람 사이의 진실한 유대 관계는 감정에서 시작된다. **자신과 타인의 진짜 감정에 가까워져야 자신도 타인도 제대로 대면할 수 있다.**

어떤 내담자가 질문했다. "감정을 느끼는 게 무슨 소용이 있나요? 나를 슬프게 하거나 화나게 한다고 해서 뭐가 달라지죠?"

그렇다, 감정을 느낀다고 해서 이미 일어난 일을 바꾸진 못한다. 그러나 감정은 감정일 뿐 옳고 그름이 없다. **감정은 일어난 일에 대한 자연스러운 반응이며 분명하게 느껴야 하는 것이다. 우리가 "슬퍼해 봐야 아무 소용도 없으니 생각도 하지 말자!"고 하는 순간 그런 감정들은 억압되거나 회피된다.**

억압된 감정은 사라지지 않는다. 오히려 몸과 마음 깊은 곳에 숨겨진다. 받아들여지지 않은 슬픔이 쌓이면 우울이 되고, 밖으로 표출되지 않은 분노는 증오가 된다. 제대로 느끼지 않은 고통은 장기적인 학대로 변한다. **그런 이들은 묵직한 감정의 보따리를 등에 짊어지고 사는 것이며, 마음 감옥에 갇힌 죄수 신세나 다를 바 없다.**

회피할수록
후폭풍은 거셀 것이다

감정이 오래 누적되면 언젠가는 붕괴한다. 영국 해리 왕자의 사례가 대표적이다.

1997년 다이애나 왕세자비가 교통사고로 사망했을 때 해리 왕자는 겨우 열두 살이었다. 2017년 다이애나 왕세자비의 사망 20주기 추모회 때, 해리 왕자는 열두 살 이후로 20여 년 동안 어머니의 죽음을 생각하거나 언급하지 않으려 애를 써 왔다고 밝혔다. 그는 자신이 "모래구덩이에 고개를 처박은 꼴"이었다고 말했다. 그는 '생각해 봐야 나만 힘들고, 어머니가 살아서 돌아오는 것도 아닌데 왜 그일을 떠올려야 해?'라고 여겼다.

서른 살이 되었을 때 오랫동안 누적된 격렬한 감정이 갑자기 바깥으로 터져 나왔다. 그는 자신에게 무슨 일이 벌어졌는지 알지 못했다. 그는 불안과 분노를 느꼈으며 여러 차례 정신적으로 붕괴 직전의 상태까지 몰렸다. 자신도 모르게 자제력을 잃고 남을 공격할 것 같은 느낌을 받았다. 그는 심리 상담을 받으면서 권투를 이용해 분노의 감정을 쏟아 내기 시작했고, 그때부터 20년간 숨겨 온 슬픔을 하나하나 꺼낼 수 있었다.

내가 만난 내담자 중 많은 이가 감정에 휘둘리지 않으려면 감정을 거부해야 한다고 여겼다. 그들은 온 힘을 다해 감정을 회피하고 별것 아니라고 치부하려 했다. 혹은 각종 방어기제를 사용해 감정과 거리를 두려고 했다.

그뿐 아니라 긍정적인 생각을 강조하는 이 사회에서는, 많은 사람이 "생각을 바꿔라, 밝은 마음을 먹어라"라는 표어를 외치면 부정적 감정이 없어질 거라고 여긴다. 이런 방식이 효과적인 사람도 있겠지만 그렇지 않은 사람이 더 많다.

정말로 생각을 바꾸기만 하면 감정도 따라서 쉽게 바뀌는 거라면 왜 이렇게 많은 사람이 우울증, 불안증 등의 심리 질환으로 고통받을까?

감정에 휘둘리고 싶지 않다면, 더욱 감정을 회피하면 안 된다. 오히려 감정을 제대로 인지하고 감정을 분명히 느끼려고 해야 한다. 감정이 있은 후에야 감정에서 벗어나는 것도 가능하기 때문이다.

감정을 드러내는 일이
왜 이렇게 어려울까?

2016년 영국 왕실의 해리 왕자, 형인 윌리엄 왕자와 케이트 왕자비 세 사람이 영국인의 심리 건강을 추진하는 기구 '헤즈 투게더(Heads Together)'를 설립했다. 어느 영상에서 해리 왕자는 말했다.

"요즘은 누구나 자신의 삶이 완벽하다는 걸 보여 주려 합니다. 그렇지만 당신은 타인이 완벽한 삶을 영위하는 걸 보며 힘든 시간을 보내는 자신이 잘못된 것처럼 느낄지도 모릅니다. 하지만 안심하고 자신의 감정을 표현할 수 있는 장소가 있다면 많은 게 달라질 거라고 생각합니다."

해리 왕자도 예전에는 자기감정과 접촉하거나 언급하려 하지 않았다. 추측하건대, 해리 왕자뿐 아니라 대다수 남성이 비슷한 성향일 것이다. 어딜 가나 경쟁, 비교, 성공을 강조하는 사회에서 감정(특히 슬픔, 공포, 불안 등의 감정)을 드러내는 사람은 '나약한 존재'로 여겨지기 쉽다.

이 사회는 남성과 여성 각자에게 수없이 많은 규범을 정해 놓았다. 여성은 자신의 감정을 드러내거나 남에게 도움을 청하는 게 사회적으로 용인된다. 그러나 남성은 어릴 때부터 감정을 드러내면 '남자답지 못하다'는 말로 지적을 받아야 했다.

사회에서는 남자다움을 승리, 폭력, 감정 통제, 업무 성취 그리고 여성보다 강한 권력, 명예와 사회적 지위를 향한 열망 등으로 규정한다. 남성은 사회화 과정에서 남자답게 살려면 절대로 나약한 감정을 드러내면 안 된다고 배운다. 감정을 드러내는 건 수치스러운 일이라고 말이다. 억압된 감정은 많은 남성의 심리적 건강에 나쁜 영향을 끼쳤다.

감정을 드러내는 사람은 나약하다는 관념 때문에, 많은 내담자가 감정을 다스리지 못하는 자신 앞에 쉽게 좌절했다. 그들은 "제가 왜 이렇게 힘들어할까요? 이게 힘들어할 일인가요?", "시간이 많이 지났는데 아직도 그 일에 영향을 받는 이유가 뭘까요?", "1년이 지났는데도 슬픔에 빠져 있다니, 전 너무 나약합니다" 같은 말을 했다.

일상생활에서 감정이 일어날 때 마음속에서 어떤 목소리가 들리는지 생각해 보길 바란다. 자신의 감정에 어떤 평가를 내리는 편인가? 타인이 감정을 드러낼 때 속으로 그를 비판하진 않았는가?

당신이 감정을 느끼는 일을 비판적으로 평가했더라도, 그건 정상적인 반응이다. 우리는 사회화 과정에서 그런 관념을 형성한다.

지금이 바로 감정을 새롭게 정의할 때이며, 남자든 여자든 자연스럽게 감정을 느끼고 드러낼 수 있는 장소를 마련할 때다. 이 일의 첫걸음은 자신에게 감정을 느껴도 좋다고 허락해 주는 것이다.

인생이란 바다 위에서 만난 감정이란 파도

감정이 파도라면 우리는 서핑을 배워야 한다. 감정의 파도가 당신을 향해 밀려올 때, 서핑 보드를 타고서 파도의 흐름에 몸을 맡겨야 한다.

감정이 내면세계의 날씨라면 우리는 항해술을 배워야 한다. 바람

의 방향과 배가 나아갈 방위를 관측하는 법을 익혀야 한다. 그래야 키를 잡고 삶이라는 이름의 배를 몰 수 있다. 거대한 바다 위에서 어떤 날씨를 마주치더라도 계속해서 전진할 수 있다.

감정을 느끼려면 용기가 필요하다. '용기'는 두려움이 없는 상태가 아니다. 두렵더라도 자신의 진실한 감정을 대면하는 게 용기다. 자신의 내면세계와 감정을 직시하고 감정이 전하는 정보에 귀를 기울일 때에야, 그다음에 무엇을 해야 할지 알 수 있다.

다음 장에서 감정을 좀 더 깊이 이해하고 알아채고 느끼는 연습을 해 보겠다. 그전에 '감정 느끼기 동의서'를 작성해 보길 권한다. 미국에서 청소년을 위한 집단 상담 혹은 개인 상담을 진행할 때는 내담자인 청소년의 부모에게 동의서를 쓰라고 요구한다. 상담사가 아이와 함께 심리 활동을 진행하는 데 부모가 동의한다는 내용이다.

나는 나를 위해 '감정 느끼기 동의서'를 작성했다. 종이에 "나는 내가 감정을 느끼는 걸 허락합니다"라고 쓰고 서명도 해서 책상 앞 잘 보이는 곳에 붙였다. 내가 감정을 억누른다거나 회피한다는 생각이 들 때마다 동의서를 쳐다보며 상기하곤 했다. 당신도 내가 했던 것처럼 동의서를 작성해 눈에 띄는 곳에 붙여 보길 바란다.

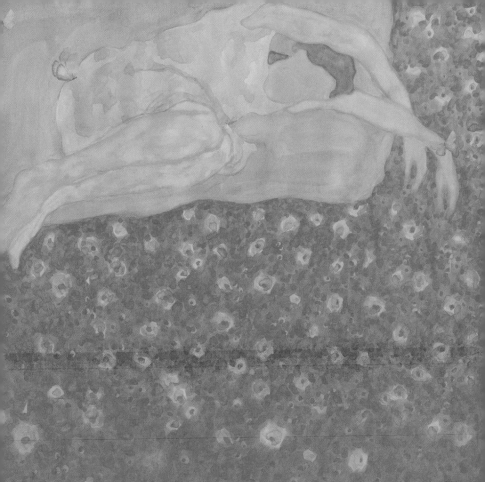

2장 —————————

파도를 막을 수 없다면,
파도를 타면 된다

: 불편한 감정과 마주하는 심리 기술

06

자신의 내면세계로
천천히 들어가라

/// **마음챙김** ///

회복은 느리게 진행되어야 한다.
느림은 회복을 돕는 지팡이이며,
마음의 상처를 지탱하는 도구이다.
그런 다음 천천히 내면의 성장을 도모하자.

앞서 다룬 징징의 사례를 다시 살펴보자.

대학 새내기 때 파티에 갔다가 성폭행을 당한 징징은, 그 사건을
아예 생각하지 않으려고 셀 수 없이 많은 일과 행사에 참여하는 등
자기 자신을 바쁘게 하는 걸 중요한 방어기제로 삼았다. 정신없이
바빠야지만 '감정과 마주하는 일'을 피할 수 있었기 때문이다.

그런데 나는 징징을 상담하면서, 밤낮없이 바쁘게 지낸다는 사실
외에도 상담하는 내내 계속 바쁘게 무언가를 하는 모습을 발견했
다. 상담할 때 징징은 환하게 웃으면서 이번 주에는 무슨 일을 했고

친구와 어디를 갔고 어떤 친구에게 무슨 재미난 일이 생겼는지 다양한 에피소드를 빠른 속도로 끊임없이 설명하곤 했다.

말만 빠른 게 아니라, 잠시도 가만히 있지 못하고 앉은 자세를 계속 바꾸고 손으로 머리를 긁었다가 목 뒤를 받치는 등 행동도 매우 조급했다.

속도를 늦추면
비로소 보이는 문제

어느 날 상담 시간에 여유로운 말투로 징징에게 물었다.

"몇 분만 시간을 내서 가만히 있어 볼까요? 그러면 징징의 몸이 어떤 느낌을 받는지 알아봐요."

징징은 고개를 끄덕였다. 나는 먼저 눈을 감고 크게 심호흡을 하라고 지시했다.

"지금 당신의 몸에 어떤 느낌이 드는지 살펴보세요. 그 느낌을 바꾸려고 하지 말고, 그저 살펴보기만 하면 된답니다."

나는 일부러 말하는 속도를 늦춤으로써 내담자도 행동의 속도를 늦추고 내면세계를 살펴보도록 유도했다. 잠시 기다렸다가 부드럽게 질문했다.

"지금 어떤 느낌이 들어요?"

징징은 눈물을 뚝뚝 흘렸다.

"가슴에 뭔가 묵직한 게 얹힌 느낌이에요."

"할 수만 있다면, 가슴에 얹힌 그 묵직한 느낌이 무엇인지 좀 더 천천히 느껴 보세요. 일부러 바꾸려고 하지 말고, 그냥 느끼기만 하세요."

자신과 감정 사이의 거리를 더 좁혀 보라는 제안이었다. 다시 눈을 감았다 뜬 징징은 이제 흐느껴 울기 시작했다. 나는 조심스럽게 질문했다.

"가슴에 얹힌 묵직한 느낌 속에 어떤 감정이 숨어 있던가요?"

"너무 많은 감정이 뒤섞여 있는 것 같았어요…. 음, 아무래도 슬픈 감정인 것 같아요."

징징은 끊임없이 나타나는 감정의 장애물을 뛰어넘으려고 일부러 바쁘게 살아왔다.

매일 장애물을 뛰어넘으려고 노력한 탓에 멈추려 해도 멈출 수 없었고, 멈추지 못하니 내면세계로 들어갈 수도 마음속에서 어떤 일이 벌어지고 있는지도 살펴볼 겨를이 없었다. 그러다 충분히 오랫동안 멈춰 서게 되자 드디어 마음 깊은 곳에 숨어 있던 무거운 슬픔과 마주할 수 있었던 것이다.

어느 날 상담을 받던 징징이 울면서 물었다.

"벌써 1년이나 지났는데 왜 아직도 아프지요? 왜 저는 행복하게 살 수 없는 거예요? 왜 저는 전부 다 내려놓고 말끔히 잊어버리지 못하는 거예요?"

나는 이렇게 대답했다.

"제 생각에는 당신에게 듣지 못하고 보지 못한 감정이 많이 남아 있어서 그 감정들과 마주하는 시간이 필요한 것 같아요. 그래서 잊어버리기 어려운 거지요. **그 고통과 감정을 느껴야 아픔이 사라질 거예요.**"

'Move on(지나가다)'이라는 영어 단어가 있다. 누군가 당신에게 'Move on' 하라고 말한다면, 대개 과거의 일에 더는 얽매이지 말고 앞을 보고 미래를 향해 걸어 나가라는 뜻이다. 상담실에서나 일상 생활에서나 흔히 듣는 단어다.

내담자들은 "나도 Move on 하고 싶어요"라고 말하고, 내담자들의 가족, 친구, 심지어 인터넷상에서 유행하는 자기계발 명언들도 내담자들에게 "어서 Move on 하라!"고 재촉한다. 그러나 당신 마음속 장벽 뒤에 아직도 인정받지 못한 감정들이 쌓여 있는 한 상처를 떨쳐 버리고 다시 일어날 수 없다. **정말 앞으로 나아가고 싶다면 오랫동안 쌓인 감정들을 끄집어내 속속들이 파헤쳐야 한다.**

징징은 사실 숨 돌릴 새 없이 바쁜 생활을 영위하면서도, 머릿속으로는 끊임없이 '그날 술 마시지 말걸', '그 파티에 가지 않았더라면 얼마나 좋았을까?', '다 내 잘못이야', '이런 감정 느끼지 마', '아무 일도 아냐, 남들한테도 다 생기는 일이야'라는 생각을 되뇌었다. 방어기제로 삼은 바쁜 생활과 생각들은 어느새 징징의 마음과 시간을 잠식해 버렸다.

징징은 점차 어떤 감정도 느끼지 못하게 되었다. 그래서 징징의 문제를 해결하려면 가장 먼저 숨겨진 감정이 모습을 드러낼 수 있도록 마음속에 빈자리를 만들어야 했다.

매주 진행하는 상담에서 징징에게 행동과 생각을 잠시 멈추고 자신의 감정을 들여다보며 신체적인 느낌을 살펴보는 연습 시간을 가지라고 주문했다. 몇 번의 상담을 거치며 징징은 천천히 자신이 어떤 순간에 방어기제를 사용하는지 의식하게 되었고, 내면의 감정을 조용히 들여다보는 방법도 터득했다.

회복하려면 반드시
느려져야 한다

나는 예전부터 느린 게 싫었다. 일이 빠르게 마무리되는 걸 좋아했고, 느리게 흘러가는 상황을 만나면 불만을 느꼈다. 이 사회가 빠른 속도를 숭배하듯 나는 내 효율적인 일 처리를 자랑스럽게 여겼다. 느린 건 내 기준에서 좋지 않은 것이고 문제가 있는 것이었다.

하지만 속도를 추구하는 관점은 많은 이에게 심리적 상처의 회복에 조급한 마음을 갖게 했다. '왜 아직도 좋아지지 않지?', '왜 이렇게 느리지?'라는 생각을 하는 것이다.

열일곱 살 청소년 내담자를 맡은 적이 있다. 그 아이는 상담하기 전에 다리 수술을 받았는데, 의사가 몇 달 동안은 운동하지 말고 최대한 걷지도 말라고 했다. 걸어야 한다면 꼭 목발을 쓰라고 했다. 그 외에도 지켜야 할 주의사항이 많았다.

몇 달간 그 아이는 의사의 지시를 철저히 따랐다. 가족들도 무리하지 말고 가능한 한 쉬라고 권했다. 아무도 그 아이에게 "네 다리가 왜 그렇게 느리게 낫는 거니?" 하고 책망하지 않았다.

이처럼 눈에 보이는 상처는 회복하는 데 시간이 걸리며, 회복하기 위해 의사의 지시 사항을 잘 따라야 한다는 걸 잘 알고 있다. 가족이나 친구들도 빨리 낫지 않는다고 타박하지 않는다.

그렇다면 심리적 상처의 회복 또한 그래야 하지 않을까?

심리적 상처를 입은 후 회복을 위한 처방전을 받았다고 상상해 보자. 그 처방전에는 "느려져야 합니다. 스스로 느리게 살도록 합시다"라고 적혀 있다.

나 역시 상실을 경험한 후에는 지금까지의 인생에서 가장 느린 속도로 살아 봤다. 상처를 회복하기 위해 반드시 삶의 속도를 늦춰야 한다는 사실을 누구보다 잘 알고 있었다. 잠시 멈춰 서야만 진정으로 내 마음의 목소리와 감정에 귀를 기울일 수 있기 때문이다.

그래서 나는 원래의 바쁜 생활을 조금 내려놓기로 했다. 매일 꽉 차 있던 업무를 몇 달간 아무 일정도 잡지 않는 것으로 변경했고, 예정되어 있던 졸업 시기도 1년 후로 미뤘다.

적어도 반년 정도는, 매일 반드시 해야 하는 업무 외에는 내 마음의 목소리를 경청하는 데 시간을 전부 쏟아부었다. 지금 나에게 필요한 게 무엇인지 질문하며 산책하고, 책을 읽고, 글을 쓰고, 음악을 들었다. 감정을 느끼고, 일기를 쓰고, 멍하니 앉아 시간을 보내거고, 믿을 수 있는 친구들과 연락을 주고받으며 유대감을 확인하기도 했다.

물론 '느려지는' 방식은 사람마다 다르다. 이것은 내가 느려지는 방식이었다. 당신에게는 당신만의 느려지는 방식이 있을 것이다. 어느 것이 더 좋다고 말할 수는 없다.

어쨌든 **인생의 속도를 늦춰야 마음이 무엇을 필요로 하는지 들린다.** 마음의 회복에 쾌속 치유법 같은 건 없다. 정말 있었다면 효율을 정말 중요하게 생각하는 나 같은 사람이 찾아내지 못했을 리가 없다.

회복하려면 느려져야 한다. 느림은 회복 과정의 지팡이, 목발, 보호 장비와 같다. 마음이 다친 부분을 잘 지탱해 주고 천천히 나아지게 도와준다.

매일 조금씩 느려지면 자신의 내면세계에 조금 더 깊이 들어갈 수 있다. 간단하게 느려지는 연습을 해 보자. 이것을 '마음챙김(Mindfulness)' 연습이라고 한다. 마음챙김이란 호기심을 가지고 '현재'를 관찰하는 걸 말한다. 무슨 일이 일어나는지 관찰만 하면 된다. 평가하거나 바꾸려고 시도할 필요는 없다.

매일 몇 분 정도만 투자해서 자신을 일단 멈춰 세우자. 그리고 마음챙김을 위한 간단한 심리 활동을 통해 자신의 내면세계와 외부세계를 관찰하면 된다.

외부 세계 관찰하기

당신이 어디에 있든지 아래의 방법으로 주변 환경을 관찰하고 어떤 상황인지 알아보자.

① 당신이 있는 곳을 자세히 관찰하고 발견한 물건 네 가지를 말한다.
② 주변 소리에 귀를 기울였다가 들은 소리 세 가지를 말한다.
③ 손으로 물건 두 개를 만진 뒤 어떤 촉감인지 말한다.
④ 주변에 어떤 냄새가 나는지 알아보고 냄새의 종류를 말한다.

당신이 안전하고 편안하게 느끼는 장소를 선택하라. 앉거나 누워서 눈을 감고 아래의 지시에 따른다.

① 당신의 호흡부터 느껴 보자. 손을 배 위에 얹는다. 숨을 들이마실 때 배가 팽창하도록 한다. 숨을 내쉴 때 배가 천천히 수축하도록 한다. 숨을 들이마실 때 공기가 콧속으로 들어오는 감각을 느껴 보고, 폐로 들어가는 감각을 느껴 보자. 숨을 내쉴 때 공기가 코를 통해 빠져나가는 감각을 느껴 보자.

② 당신의 몸에 주의력을 집중한다. 머리에서 시작해 점점 아래로 내려가면서 느껴 보자. 눈, 코, 뺨, 목, 어깨, 가슴, 팔, 배, 엉덩이, 허벅지, 종아리, 발바닥, 발톱의 순서로 이동하며 신체 각 부위의 느낌을 관찰한다. 어느 부위가 긴장되어 있는지, 묵직하게 느껴지거나 가볍게 느껴지는 곳이 어딘지 살핀다.

③ 당신의 생각에 주의력을 집중한다. 당신 앞에 스크린이 있고, 당신이 생각하는 장면이 스크린에 영사된다고 상상한다. 어떤 생각이 있는지 관찰하기만 하고 어떤 행동도 할 필요가 없다.

④ 당신의 감정에 주의력을 집중한다. 우선 당신이 지금 어떤 종류든 감정을 가지고 있는지에 집중한다. 만약 감정을 가지고 있다면 그 감정이 당신의 몸에서 어느 부위에 머물러 있는지 느껴 보라. 가능하면 그 감정에 이름을 붙여 보자.

⑤ 마지막으로 다시 호흡에 주의력을 집중한다. 숨을 들이쉬고 내쉴 때의 감각에 집중하면서 준비가 되었다고 느껴질 때 눈을 뜬다.

07
감정을
컨트롤할 수 있다는 착각

///

감정이 풍랑처럼 당신을 향해 밀려올 때,
물이 당신을 덮치는 충격과
온몸을 씻어 내려가는 감각을 느껴야 한다.
감정은 에너지라서 흘러가는 방향이 있다.
파도가 천천히 높아졌다가 해변을 쓸고 물러가는 것처럼.

올해 30대 초반인 대니(Danny)는 심리 치료를 받은 지 10여 년이 넘었다. 상담실에 처음 왔을 때 그가 말했다.

"지난 10여 년간 온갖 약물 치료, 심리 치료를 받았지만 소용이 없었습니다…."

심각한 우울증과 불안증으로 휴학을 거듭하다가 세 번째로 복학한 때였다.

"전 제가 실패자라고 느낍니다. 나이가 서른이 넘었는데 아직도 대학을 다니고 있으니까요. 제 또래 친구는 다들 직업을 가지고 있고 결혼한 사람도 있는데, 전 여전히 대학생입니다. 전 왜 이렇게 엉망진창일까요? 저는 왜 더 노력하지 못했을까요?"

대니의 마음속 강한 비판의 목소리가 끊임없이 그에게 말했다.

"너는 게으르고 엉망진창이다. 아무도 네 곁에 있어 주지 않을 거다. 전부 네가 충분히 노력하지 않아서 생긴 일이다."

대니와 상담하는 과정에서 나는, 대니가 자신의 감정과 유리되어 있다는 걸 느꼈다. 내가 "이런 일이 있었을 때 당신은 어떻게 느꼈나요?"라고 질문하면, 그는 "예전에 심리 치료를 하면서 다 정리했어요" 혹은 "제 유년기에는 심리적인 상처가 없습니다. 저한테 일어난 일은 하나도 심각하지 않았어요"라고 답했다.

대니는 자신에게 일어난 일을 묘사할 때 마치 타인의 이야기를 전달하는 것처럼 말했다. 나는 그가 어떤 감정을 가지고 있는지 알 수 없었다.

대니의 성장 과정이 궁금했다. 아시아계 미국인으로서 그의 가족이 감정을 어떻게 처리했는지, 그는 또 어떻게 자기감정을 대했는지 알고 싶었다. 그가 감정을 전혀 표현하지 않는 부모님 슬하에서 자랐다는 사실을 알게 되었다. 그의 어린 시절은 혼자인 기억으로 가득했다. 너무 바빴던 부모님과 정서적 유대감을 거의 형성하지 못했던 것이다.

중학교에 입학한 후, 대니는 불안증 때문에 성적이 급격히 떨어졌다. 학교 선생님은 그를 야단치고 폄하했다. 부모님은 바빠서 그에게 무슨 일이 있었는지 신경 쓰지 못했다.

그렇게 대니는 중학교 3년 내내 아무런 도움도 받지 못한 채 괴로워했다.

"그건 어떤 느낌이었나요?"

"버림받은 느낌이었습니다."

감정일까?
생각일까?

"버림받았다는 건 감정이 아니지요. 당신이 버림받았을 때 어떤 감정을 느꼈는지 말해 볼까요?"

나는 대니가 자신의 감정을 알아차릴 수 있도록 도와주려 했다.

상담실에서든 일상생활에서든 많은 이가 감정과 생각을 혼동하는 걸 목격해 왔다. 내담자는 이렇게 말하곤 한다. "중요하게 여겨지지 않는다고 느꼈어요", "불공평하다고 느꼈어요", "생활 전반이 엉망이 되었다고 느꼈어요" 등 주의 깊게 보면 감정이 아니라 생각이라는 걸 알 수 있다.

배우자가 당신을 중요시하지 않는다면 어떤 느낌일까? 아마도 화가 나거나 슬플 것이다. 사장님이 나에게 불공평하게 대우한다면 어떤 감정이 생길까? 생활 전반이 무너졌다면 어떤 감정을 느낄까? 아무도 나를 사랑하지 않는다고 생각될 때는 어떤 감정일까?

여러 상담 경험을 돌이켜 보면, 내담자들에게 "어떤 감정을 느꼈나요?" 하고 물었을 때 가장 자주 듣는 대답은 감정이 아닌 생각이었다. 내담자들이 생각을 많이 하면 할수록 그들은 '사고 상태'에 접어들고 감정을 느끼는 데서 점점 멀어졌다.

그래서 자신의 감정에 좀 더 가까워지도록 돕기 위해 내담자들에게 자주 하는 질문이 있다.

"지금 몸에 어떤 느낌이 드는지 관찰해 볼까요?"

"지금 몸의 어느 부위에서 슬픔이 느껴지나요?"

"슬픔은 어떤 모양의 감각인가요?"

상담을 시작한 지 얼마 되지 않았을 때까지 대니는 내 질문에 "음… 잘 모르겠습니다. 제 몸은 아무 느낌도 없어요"라는 대답만 반복했다. 대니가 자기감정과 얼마나 유리되어 있는지 알 수 있었다. 대니의 몸과 마음은 상당히 분리된 상태였고, 모든 감정이 대뇌에 머물러 있었다.

대니가 감정을 느낄 수 있게 도와주고자 사용한 방법은 '감정 변화 삼각형(The Change Triangle)'이었다. 이 개념을 처음 접한 건 미국 임상사회복지사 힐러리 헨델(Hilary Hendel)의 《오늘 아침은 우울하지 않았습니다(It's Not Always Depression)》였다. 이 긴단한 삼각형은 감정에 대한 여러 가지 인지 상태를 잘 설명해 준다. 나는 심리 상담을 하면서 여러 내담자에게 이 개념을 알려 줬다.

감정 변화 삼각형은 역삼각형 모양이다. 가장 아래에는 핵심 감정(Core Emotion)이 위치한다. 어떤 감정이 핵심 감정인지는 심리학 이론마다 다르지만, 공통적으로 기쁨, 흥분, 분노, 슬픔, 혐오, 공포가 포함된다. 이상적인 상황이라면 유년기에 감정과 공존하는 방법을 배운다. 그러면 핵심 감정이 나타날 때 받아들이고 직시하고 느낄 수 있다.

그러나 대부분 성장 과정에서 감정과 공존하는 법을 제대로 배우지 못한다. 오히려 감정을 밀어내는 법을 배운다. 핵심 감정을 느끼지 않으려고 삼각형의 왼쪽 상단에 위치한 방어기제(Defense)를 형성한다. 방어기제는 감정을 느끼지 않으려고 취하는 행동과 반응 전부를 가리킨다.

대니는 많은 방어기제를 사용하고 있었다. 마음속으로 강하게 자기 비하를 한다거나 몸과 마음을 분리해 인지한다거나 감정을 이성적으로 분석하려 하고 자기 자신에게 '이건 아무것도 아니다'라는 말을 반복하는 것 등으로 말이다. 그가 계속해서 '생각하는 상태'에 머물러 있으면 감정을 느낄 필요가 없기 때문이다.

역삼각형의 오른쪽 위에는 억압된 감정(Inhibitory Emotion)이 위치한다. '불안'은 억압된 감정이다. 감정을 억압하는 목적 역시, 내면세계의 심층부에 자리 잡은 핵심 감정을 느끼지 않으려는 데 있다.

감정 변화 삼각형은 대체로 왼쪽 상단에서 시작해, 감정을 느끼지 않으려 어떤 방어기제를 사용하는지 살피고, 핵심 감정에 좀 더 가까이 다가가면 억압된 감정이 나타나 불안을 느끼는 것으로 진행한다. 여기서 나의 역할은 대니가 역삼각형의 가장 아래쪽까지 도착해 핵심 감정을 느낄 수 있도록 돕는 것이다.

<감정 변화 삼각형>

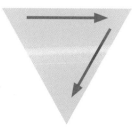

방어기제
감정을 느끼지 못하게 하는
모든 생각과 행동.
예를 들어 감정 마비,
바쁜 생활, 중독 행위 등.

억압된 감정
감정을 억압하는 목적은
핵심 감정을
느끼지 못하도록 하는 것.

핵심 감정
기쁨, 흥분, 공포, 슬픔, 혐오, 분노.

감정은 통제할 수 없다
그저 느껴야 할 뿐이다

많은 내담자가 "고통스러운 감정을 멈추게 하려면 어떻게 해야 하나요?"라고 질문하곤 한다. 내 대답은 늘 똑같다. "그 감정을 느껴야 합니다." 그러나 감정을 느끼는 일이 간단해 보이지만 정작 실천하려면 쉽지 않다.

많은 사람이 감정이 나타났을 때(주로 고통스럽고 힘든 감정) 감정을 통제하는 조치를 취해야 한다거나 감정을 없애야 한다고 생각한다. 그러나 감정이 나타났을 때 해야 할 일은 '감정을 느끼는 것'이다. 감정을 통제하거나 바꾸는 게 아니다.

감정이 일어나는 건 파도가 밀려오는 것과 같다. 감정이 밀려올 때, 물이 당신을 덮치는 충격과 온몸을 씻어 내려가는 감각을 느껴야 한다. 감정은 에너지이기 때문에 흘러가는 방향이 있다. 파도가 천천히 높아졌다가 해변을 쓸고 물러가는 것처럼 말이다.

대니가 그랬듯 많은 사람이 감정과 대면할 때 '생각하는 상태'에 머무르려 한다. 하지만 생각할 때는 이성적인 뇌가 사용된다. 감정은 몸에 존재하며, 몸을 이용해 감정을 느껴야 한다. 그렇기 때문에 그것을 '느낌(feeling)'이라고 부른다.

감정이 일어날 때 몸의 느낌을 살펴보자. 두려울 때, 심장 박동이 빨라지고 호흡이 가빠지며 위가 아픈 느낌을 받을 것이다. 슬플 때, 가슴이 꽉 조이면서 묵직한 느낌이나 온몸에 힘이 없는 느낌을 받을 것이다. 화가 났을 때, 전신이 긴장되며 가슴에 에너지가 덩어리로 뭉치는 느낌을 받을 것이다. 기쁠 때, 몸이 가볍고 가슴이 두근거리는 느낌을 받을 것이다.

이렇듯 몸의 느낌을 알아차렸다면 감정에 한 걸음 다가선 것이다. 핵심 감정이 일어날 때 몸에 어떤 느낌이 찾아오는지 살펴보자.

눈을 감고 심호흡을 세 번 한다. 호흡할 때마다 숨을 4초간 들이쉬고 8초간 천천히 내쉰다.

슬펐던 일을 떠올린다. 슬픔의 정도를 0에서 10까지 나눈다면 2점 혹은 3점 정도의 일을 떠올려 보자. 그 일을 떠올리는 동안 몸에서 어떤 변화가 일어나는지 살펴본다.

이어서 몸을 아주 느리게 스캔해 보자. 머리부터 눈, 뺨, 목, 어깨, 가슴, 팔, 배, 엉덩이, 허벅지, 종아리, 발바닥까지 위에서 아래로 몸 전체를 관찰하며 어떤 부위에 어떤 느낌이 있는지 알아보자. 어떤 것도 바꾸거나 평가하지 말고, 좋고 나쁨을 분석하지 말고, 관찰하기만 하자.

관찰이 끝나면 다시 심호흡을 세 번 한다. 호흡할 때는 숨을 4초간 들이쉬고 8초간 천천히 내쉬면서 현재로 돌아온다. 준비가 되면 눈을 뜬다.

슬픔을 느낄 때 신체에 어떤 감각이 있었는지 적어 보자.

_____

_____

_____

_____

아래의 여러 감정을 느꼈던 때를 떠올려 보고, 위의 방법대로 몸의 감각을 관찰한 후 어떤 느낌인지 적어 보자.

* 화날 때의 신체 감각: _____

* 두려울 때의 신체 감각: _____

* 기쁠 때의 신체 감각: _____

* 흥분할 때의 신체 감각: _____

* 혐오할 때의 신체 감각: _____

감정을 떠올렸을 때 신체적으로 아무런 느낌이 없었다고 해도 괜찮다. 천천히 연습해야 알아차릴 수 있다. 연습할수록 자신의 감정을 잘 관찰할 수 있을 것이다. 일상생활에서도 가능한 한 적게 생각하려고 노력하면서 매일 시간을 들여 몸의 느낌을 관찰해 보길 바란다.

08

주의해야 할 감정은
따로 있다

/// **불안** ///

불안은 여러 색깔의 털실이 마구 뒤엉킨 실타래다.
엉킨 털실을 풀어 정리해야 각각의 감정이 확실히 보인다.
불안을 없애야 핵심 감정을 느낄 수 있다.
여러 감정이 편안하게 표출될 수 있는 장소를 만들자.

내가 일했던 지역 사회 상담 기구에는 위탁 가정 혹은 입양 가정
의 어린이 내담자가 많았다. 그들은 전부 원가족에게 받은 상처를
가지고 있었고, 여러 가지 정서 문제와 행동 문제를 보였다.

양부모가 아이들의 심리적 상처를 이해하려면 행동 뒤에 숨겨진
상처의 근본 원인을 알아야 한다.

마흔여덟 살인 케이티(Katie)와 남편은 세 아이를 입양했다. 아이
들은 학대와 방임으로 인한 심리적 상처를 안고 있었다. 케이티와
남편은 아이들에게 안전한 가정을 만들어 주려고 노력했다. 그들

은 아이들이 가지고 있는 트라우마를 이해했고, 입양 후에 케이티가 회사를 그만 두고 아이들을 돌보고 치유하는 데 전념했다.

"지난 10여 년간 저는 '나'라는 존재가 거의 없다시피 살았어요. 모든 시간을 아이들에게 쏟았지요."

케이티가 상담실에 온 건 열여섯 살이 된 아들이 등교 거부, 가출 등 여러 가지 문제를 일으켜 심한 스트레스를 받았기 때문이었다.

"이해가 안 돼요. 지금까지 아들은 아무 문제도 없었는데, 학교에 들어가 아르바이트를 하면서 딴사람이 되었어요. 거짓말을 하고, 술을 마시거나 담배를 피우고 위험한 일을 하기도 해요. 경찰이 집에 찾아와서 아들이 죽었다는 소식을 전할까 봐 불안해요."

자신의 인생을 아이들에게 다 바쳤는데 갑자기 아들이 변하자 케이티는 이해할 수 없다는 반응이었다. 왜 이렇게 된 걸까? 어디서 문제가 생겼을까?

과도한 분석으로
자신을 방어하던 케이티

케이티는 매일 오랜 시간 빙글빙글 쳇바퀴 도는 생각 속에 빠져 있었다. 아들을 입양한 날부터 지금까지 모든 과정을 되짚으며 어디서 문제가 생긴 건지 알아내려 했다.

상담을 하는 동안 나는 케이티가 끊임없이 분석하는 모습을 관찰할 수 있었다. 그런데 케이티는 정작 자신의 감정은 전혀 인지하지 못했다. 그녀가 감정에 좀 더 가까이 다가가려면 자신이 사용하는 방어기제부터 알아차려야 했다.

상담 중에 케이티에게 "제가 감정 변화 삼각형을 알려 줘도 될까요?"라고 질문하자, 그녀는 고개를 끄덕였다. 나는 빈 종이를 꺼내 역삼각형을 그린 뒤 세 꼭짓점에 각각 방어기제, 억압된 감정, 핵심 감정이라는 글자를 써넣었다.

"어떨 때 감정을 느끼는 건 매우 고통스럽지요. 그래서 사람들은 감정을 회피하려고 방어기제를 사용합니다. 사람에 따라서 바쁘게 생활하는 걸 방어기제로 삼는 경우도 있고, 술을 마시거나 인터넷 중독 증세를 보이는 경우도 있어요. 당신은 평소에 어떤 방어기제를 사용하는 것 같으세요?"

케이티가 미소를 지으며 '방어기제'라는 글자 아래에 '과도한 분석'이라고 써넣었다. 쉼 없이 분석하는 행동은 확실히 케이티가 주로 사용하는 방어기제다. 나 역시 케이티가 왜 그렇게 무슨 일이든 분석하려 하는지 이해할 수 있었다. 불합리한 일을 마주했을 때 우리는 해답이나 설명을 바란다.

사실 과도하게 분석하는 행동뿐 아니라 케이티에게서는 거의 모든 시간과 노력을 아이들 혹은 타인을 보살피는 데 쏟는 경향도 보였다. 이 역시 감정을 느끼지 않기 위해 취하는 방어기제다.

"케이티, 당신 일부의 어떤 일이든 분석하는 걸 좋아하는군요."

나는 그렇게 말하며 작은 인형이 여러 개 담긴 바구니를 꺼냈다.

"분석하기 좋아하는 당신을 대표할 인형을 하나 골라 보세요."

바구니에는 동물 인형도 있었고 사람 인형도 있었다. 케이티는 백발이 성성한 할머니 인형을 골랐다.

"분석하기 좋아하는 나는 지혜로운 할머니예요."

"이 지혜로운 할머니에게 질문해 보세요. '이 상담실에서 내가 감정에 가까워질 수 있는 공간을 허락해 주고 당신은 다른 곳에 앉아 있을래요?'라고요."

케이티는 고개를 끄덕였고 눈을 감았다. 잠시 후 눈을 뜬 케이티는 할머니 인형을 소파 옆의 책장에 올려놓았다.

"할머니 인형이 여기 있고 싶다네요."

감정을 어떻게 표현하는지
몰랐기 때문이다

"눈을 감으세요. 시간을 충분히 가지고 당신의 몸에 어떤 느낌이 있는지 관찰해 봅시다. 또 무언가를 분석하려고 하면, 지혜로운 할머니를 떠올리며 당신에게 공간을 내어 달라고 요청하는 겁니다."

케이티는 고개를 끄덕인 다음 눈을 감고 심호흡을 했다. 시간이 조금 흐른 뒤 케이티가 눈을 떴다. 나는 그녀의 신체 언어가 전달하는 신호가 이전과 달라졌다는 걸 알아차렸다. 케이티의 눈빛에는 두려움이 가득했고 얼굴도 약간 붉어졌다.

"갑자기 심장이 빠르게 뛰는 걸 느꼈어요. 어깨가 뭉치는 것처럼 긴장되고요. 감정이 느껴질 때 어떻게 해야 할지 모르겠어요."

\<케이티의 감정 변화 삼각형 ①\>

방어기제

과도한 분석, 끊임없는 걱정, 모든 시간과 노력을 타인을 보살피는 데 쏟는 행동 등.

억압된 감정

핵심 감정

감정 변화 삼각형의 오른쪽 위에 '불안'을 적었다. 케이티가 방어기제를 내려놓고 핵심 감정에 다가가자 불안한 감정이 나타났다.

불안은 감정에 대한 두려움에서 비롯된다. 감정을 두려워하는 사람들은, 감정이 일어난 뒤 어떻게 행동할지 모른다는 사실을 두려워한다. 또한 감정을 표출하고 나서 주변 사람이 자신을 어떻게 내

할지에 대해서도 걱정한다.

감정을 두려워하는 건 성장 과정에서 주변 사람들이 우리의 감정에 어떻게 반응했느냐에 달려 있다. 어린 시절 당신이 감정을 표출할 때 부모님이 야단치거나 무시하거나 혹은 당신을 버리겠다고 위협했다면, 당신의 뇌는 '감정'을 '위험'과 연관시켜 기억할 것이다. 그래서 당신이 감정에 다가가려 하면 대뇌 편도체에서 위험하다며 경보를 울린다. 성인이 된 지금의 당신은 감정을 표출해도 전혀 위험하지 않은데 말이다.

나는 케이티에게 불안해지는 게 당연하다고 토닥이면서 불안을 가라앉히는 연습을 제안했다. 그래야 감정 변화 삼각형을 활용해 핵심 감정에 접촉하는 활동을 재개할 수 있을 듯했다.

나는 케이티에게 '그라운딩 테크닉(Grounding Technique)'이라는 이름의 편안하게 앉는 방법을 알려 줬다. 몸과 마음을 좀 더 안정적으로 만들 수 있도록 말이다.

우선 발에 집중하라고 주문했다. 발이 바닥에 닿는 느낌을 느껴보고, 발이 바닥을 단단하게 딛고 있다는 걸 인식하라고 했다. 바닥을 잘 딛고 있다는 걸 느끼면 몇 차례 심호흡을 하라고 했다. 4초간 들이마시고 8초간 내쉬는 것이다. 숨을 내쉴 때는 몸속 불안도 공기 중으로 같이 내보낸다는 느낌이어야 한다고 했다.

여러 감정이 복잡하게
뒤엉켜 있던 케이티

나는 케이티가 완전히 안정된 걸 보고 설명했다.

"불안을 느끼는 건 대개 감정이 복잡하게 엉켜 있어서예요. 혼란스럽게 느껴지기 때문이죠. 어떤 감정인지 구분할 수 있나요?"

케이티가 고개를 끄덕였다. 나는 눈을 뜨라고 한 뒤, 마음속에 어떤 감정들이 있었는지 구분해 보라고 했다.

"감정을 구분하면서 어떤 감정인지 설명해 보세요. 감정에 이름을 붙이기만 하면 됩니다. 감정이 좋은지 나쁜지 평가하거나 바꿀 필요는 없어요."

케이티가 가슴을 문지르며 말했다.

"분노를 느꼈어요. 가슴이 답답하고 머리가 터질 것 같아요."

"아들을 위해 당신의 삶을 희생했는데 지금처럼 변해 버렸죠. 당신의 일부가 분노하는 것도 이해가 됩니다. 그럼 분노 외에 어떤 감정을 느꼈나요?"

케이티는 울기 시작했다.

"슬퍼요. 가슴에 무거운 돌을 얹은 것 같고요. 그리고 두렵기도 해요. 제 두려움은 무릎에 있다고 느껴져요. 빨리 달리고 싶은 것 같아요. 그리고 좌절감도 느꼈어요. 제가 지금 이런 상황에 빠진 것에 화가 나요."

<케이티의 감정 변화 삼각형 ②>

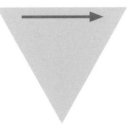

방어기제
과도한 분석, 끊임없는 걱정,
모든 시간과 노력을 타인을
보살피는 데 쏟는 행동 등.

억압된 감정
방어기제를 내려놓자마자
곧바로 불안을 느꼈다.
과거의 경험에 의해
뇌가 감정을 위험하다고
인지했기 때문이다.

핵심 감정

불안은 여러 색깔의 털실이 마구 뒤엉킨 실타래다. 엉킨 털실을 풀어 정리해야 각각의 감정이 확실히 보인다. 불안을 가라앉히자 케이티는 분노, 슬픔, 두려움이라는 감정을 느꼈다. 감정을 가지는 데는 옳고 그름이 없다.

케이티가 해야 하는 일은 공간을 만들어 각각의 감정이 편안하게 표출될 수 있는 장소로 삼는 것이다. 그런 다음 각각의 감정에게 "나는 너를 봤어"라고 말해 줘야 한다.

케이티는 눈을 감고 조용히 감정을 느꼈다. 시간이 지나고 눈을 떴을 때, 나는 케이티가 훨씬 안정되어 있다는 걸 느꼈다.

"가슴의 압박감이 많이 나아졌어요. 가슴에 물줄기가 흐르는 기분이에요. 물이 흐르면서 엎혀 있던 돌이 쓸려 간 것 같아요."

감정에 귀를 기울이고 이름을 붙이는 간단한 행동만으로도 감정의 압박감이 훨씬 나아졌다. 케이티는 비유법을 많이 쓰고 화면감이 있는 표현을 즐겼다. 그래서 나도 비유를 활용해서 케이티에게 설명해 줬다.

"유치원에서 아이들이 서로 손을 들며 선생님 질문에 대답하려고 하는 것과 비슷하군요. 선생님이 한 아이를 지목해 대답하라고 하고 나면, 그 아이는 만족해서 더는 손을 들고 '저요!'를 외치지 않는 거죠."

케이티가 내 이야기를 듣더니 웃으며 말했다.

"선생님 말씀을 들으니 저희 아이들이 어렸을 때 자기 말을 먼저 들어 달라고 보채던 생각이 나는군요."

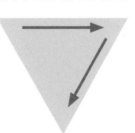

<케이티의 감정 변화 삼각형 ③>

방어기제
과도한 분석, 끊임없는 걱정,
모든 시간과 노력을 타인을
보살피는 데 쏟는 행동 등.

억압된 감정
방어기제를 내려놓자마자
곧바로 불안을 느꼈다.
과거의 경험에 의해
뇌가 감정을 위험하다고
인지했기 때문이다.

핵심 감정
불안을 가라앉힌 후
분노, 슬픔, 두려움이라는 핵심 감정과 접촉했다.

감정을 느끼는 일은 많은 사람에게 낯선 영역이다. 감정에 다가가면 불안해질 확률이 높다. 대뇌와 몸이 감정을 위험하다고 인지하기 때문에 그렇다.

나는 내담자들에게 불안은 적이 아니라 친구라고 설명한다. 불안은 "당신이 주의해야 할 감정이 있습니다!"라고 정보를 전해 주는 역할을 한다. 다음번에 불안감을 느끼게 되면, 아래의 방법을 활용해 불안을 가라앉히고, 핵심 감정의 목소리에 귀를 기울여 보자.

⋯ 불안 뒤에 숨은 핵심 감정과 접촉하기 ⋯

(1) 주의력을 신체 감각으로 이동시킨다

심장 박동, 가슴의 뻐근함, 머리가 터질 것 같고 열이 나는 느낌 등에 집중한다.

(2) 신체 감각을 관찰하기만 하면 된다

왜 이런 느낌이 생기는지 생각하거나 옳고 그름을 평가하지 않는다. 그런 다음 당신이 느낀 걸 설명해 보자. 예를 들면 "가슴이 꽉 조이는 듯한 느낌이다" 같은 식으로 표현한다.

(3) 심호흡을 다섯 번 한다

4초간 들이쉬고 8초간 내쉰다. 심호흡하면서 스스로에게 말을 걸어도 좋다. "나는 지금 감정에 다가가고 있기 때문에 불안을 느끼는 것이다."

(4) 다시 신체 감각을 관찰한다

몸이 느끼는 감각이 변화하는지에 집중한다. 당신이 스스로 안정되었다고 느껴지면 어떤 핵심 감정이 있는지 구분해 보자.

(5) 호기심을 가지고 자신의 감정에 하나씩 이름을 붙여 보자

① 한 가지 감정을 구분할 때마다 이렇게 말한다. "나는 내가 ○○를 느꼈다는 걸 알아차렸다."

② 감정을 구분하는 일이 어렵다면 자신에게 하나씩 질문한다. "나는 힘든가? 화났나? 즐거운가? 두려운가? 역겨운가? 흥분했나?"

③ 감정은 저마다 스펙트럼이 있다. 예를 들어, 화가 난다는 감정의 스펙트럼은 가벼운 짜증에서 극도의 분노까지 다양하다. 0에서 10까지 감정의 심각한 정도를 나눠(10점이 가장 강한 감정이다) 감정이 몇 점인지 점수를 매긴다.

(6) 자신이 감정을 가지는 걸 허용한다

감정이 나타나면 평가하지 않는다. 화가 나는 건 화가 나는 것일 뿐이다. 슬픈 것도 슬픈 것일 뿐이다. 핵심 감정의 파도가 어떻게 당신을 향해 밀려오는지를 느끼기만 하면 된다.

09

나를 보호하기 위해
울리는 사이렌

/// 분노 ///

분노에 귀 기울이지 않으면
타인이 지속적으로 당신의 선 안을 침범한다.
계속해서 용납할 수 없는 방식으로 당신을 대할 것이다.
당신이 분노라는 감정을 느끼지 않고
마음의 소리를 듣지 않으면,
불만은 점점 누적되다가 나중에 심각한 문제가 된다.

예순에 접어든 안나(Anna)는 30여 년 동안 학대에 가까운 결혼 생활을 지속하다가 얼마 전 남편과 헤어졌다. 그동안 그녀는 세 아이를 낳아 길렀고 가정의 모든 면을 책임졌다. 그러나 그녀의 전 남편이 보기에 그녀는 무엇을 하든 다 부족했다.

"나는 매일 한순간도 빠짐없이 잘못을 저지르지 않을까 걱정하며 보냈어요. 남편은 조그만 일도 자신의 뜻과 맞지 않으면, 소리를 지르고 욕을 퍼부었어요. 한번 화를 내면 10분, 20분씩 계속했어요. 이런 일이 매일 일어났어요. 제가 반박하면 일이 더 커졌기 때문에,

가만히 그의 욕설을 견디는 수밖에 없었어요."

많은 사람이 가정 폭력 하면 신체적 폭력만 생각한다. 하지만 물론 언어 폭력, 정신적 폭력도 모두 가정 폭력에 포함된다. 30년의 결혼 생활에서 전 남편이 욕설을 퍼부을 때마다 안나는 고개를 숙이고 몸을 움츠린 채 얼어붙어 있었다.

안나를 더 깊게 이해한 후에, 몸을 움츠린 상태가 그녀에게 익숙하다는 걸 알게 되었다. 안나는 어린 시절 아버지 앞에서도 그렇게 해 왔던 것이다.

마음이 꽁꽁
얼어붙은지도 모르고

여섯 살부터 중학생 때까지 안나는 방학이 되어 고향집으로 돌아가면 아버지로부터 멸시와 모욕을 받아야 했다.

"너는 멍청이다! 어떻게 이런 바보짓을 하는 거냐!"

아버지는 안나를 혐오스러운 눈빛으로 쳐다봤다. 어린 안나는 아버지가 무슨 말이든 꺼내기만 하면 그대로 얼어붙어 꼼짝도 하지 못했다. 고개를 숙이고 몸을 움츠린 채로, 그대로 사라져 보이지 않고 싶다고 생각했다.

어린 안나가 이해할 수 없었던 부분은, 아버지가 두 얼굴을 사셨다는 점이었다. 아버지의 친구들이 집에 놀러 와 미식축구 경기를 보곤 했는데, 친구들 앞에서 아버지는 항상 웃고 있었다. 마치 딴 사람이 된 것처럼 보였다. 그뿐 아니라 아버지는 안나의 오빠만 편애했다. 오빠에게는 야구, 축구 등을 가르쳐 주고, 오빠가 야구 경기에 출전하면 꼭 보러 갔다. 그러나 안나가 교내 육상부에 선발되었을 때는 단 한 번도 경기를 보러 오지 않았다.

"아버지는 그 지역에서 인망이 두터운 분이었어요. 하지만 제게는 악마가 따로 없었죠."

내가 일했던 상담 센터는 유년기의 심리적 상처를 전문적으로 치료했다. 그곳에서 나는 힘든 유년기를 보낸 여러 내담자를 만났다. 그들은 아동 학대, 가정 폭력, 부모의 방임 등을 경험했으며, 가족이 살해되는 모습을 목격하거나 부모가 알코올·약물에 중독된 상태를 겪었다. 이처럼 사람이 만든 심리적 상처는 사람과 사람 사이의 기본적인 신뢰와 유대감을 망가뜨린다.

어린 안나에게 있어서 고통의 근본 원인은 마땅히 자신을 보호해 줘야 할 아버지였다. 아버지에게 안나는 투명인간처럼 눈에 보이지 않는 존재이거나 혐오스러운 존재였다. 이런 환경에서 자란 안나는 강한 자기 비하 경향을 가지게 되었다. 그녀는 자신을 쓸모없는 사람이라고 여겼다.

나는 예순 살이 가까운 안나가 어린 시절 이야기를 언급하면서 어깨를 옹송그리며 몸을 조그맣게 마는 모습을 지켜봤다. 그 모습에서 여섯 살 꼬마가 몸을 공처럼 말고 소파 구석에 처박혀 덜덜 떠는 장면이 겹쳐 보였다.

안나가 아버지에게서 학대받은 이야기를 할 때는 나도 뺨이 달아오르고 가슴이 먹먹했다. 나는 이야기를 듣기만 해도 화가 났는데, 오히려 안나는 평온한 말투로 당시 상황을 묘사했다. 나는 안나의 분노가 어디로 갔는지 궁금해졌다.

아버지의 행동을
이해하려고 애쓴 안나

"안나, 당신의 신체가 어떤 느낌을 가지는지 관찰해 볼까요?"

상담할 때마다 나는 안나가 자기감정과 가까워지도록 인도했다. 안나는 눈을 감고 감정을 느꼈다. 잠시 후 안나가 눈물을 흘렸다.

"가슴이 무겁고 답답해요. 어린아이가 이런 일들을 겪어야 했다는 게 슬프군요. 제 자식이 그런 일을 겪었다면 저는 정말 마음이 아팠을 것 같아요."

나는 안나에게 실컷 울 수 있는 시간과 공간을 제공했다. 그 눈물에는 오랫동안 축적된 슬픔이 담겨 있었다. 안나는 한동안 울음을 그치지 못하다가 차차 안정을 되찾았다. 나는 안나에게 슬픔을 다시 느껴 보고 관찰하라고 했다.

"가슴을 답답하게 짓누르는 슬픔과 잠깐 같이 머물러 보세요. 슬픔에 무늬나 형태가 있다면 어떤 것일까요?"

안나는 눈을 감고 슬픔을 다시 느껴 보려 했다.

"제가 열 살 때의 모습을 하고 있어요. 그때 저는 빨간 치마와 하늘색 운동화를 신었어요."

그때 안나에게 제안했다. 열 살 때의 안나를 불러와 상담에 참여시키자는 것이었다. 안나는 소파 옆자리를 탁탁 두드리며 열 살 때의 자신에게 거기 앉으라고 권했다.

많은 내담자가 '자기 자신'과 '감정'을 분리할 수 있을 때 감정이 자신을 이루는 일부일 뿐임을 이해하게 된다. 열 살 때의 자신에게 '옆에 앉으라'고 권유한 후, 안나는 다시 성인이 된 현재로 돌아와 어른의 시각에서 과거의 부정적 경험을 처리할 수 있게 되었다.

심리 치료란 내담자들을 상처받을 때의 어린아이로 돌아가게 하는 게 아니다. 그들을 도와 과거의 상처에 한 발짝 들어서게 할 뿐이다. 다른 쪽 발은 여전히 현재에 안정적으로 뿌리 내리고 있다. 그렇게 해서 현재의 자신이 과거의 상처를 치유하도록 한다.

안나는 자신의 슬픔을 느낄 수 있었다. 그렇다면 아버지에 대해서는 어떤 감정을 가지고 있을까? 나는 다시 한 번 내면세계로 들어가 관심을 기울일 만한 다른 감정이 있는지 살펴보라고 했다. 안나는 눈을 감고 심호흡을 한 다음 입을 열었다.

"가슴에서 분노가 느껴집니다. 전 남편이 제 아버지가 그랬던 것처럼 아이들을 대했다면 전 그를 죽여 버렸을 거예요!"

안나가 드디어 분노를 느끼는 걸 보며 나는 기분이 좋았다. 분노는 안나가 유년 시절에 느낄 수 없었던 감정이다. 나는 안나가 마음속 분노와 좀 더 오래 시간을 보내길 바랐다. 하지만 안나의 신체 언어가 보내는 정보가 금세 바뀌었다. 안나가 말했다.

"저는 아버지도 힘들었을 수 있었겠다는 생각을 해요. 아버지도 트라우마가 있었어요. 그래서 저에게 잘해 주지 못한 거죠. 아버지도 달라진 점이 있어요. 제가 아이를 낳은 후 아버지는 온화한 할아버지가 되셨어요. 제 아이에게는 참 잘해 주셨답니다. 그런 행동으로 아버지가 저한테 보상해 주셨다고 생각해요. 아버지와 제 관계는 많이 가까워졌어요."

앞서 소개한 감정 변화 삼각형으로 돌아가자. 핵심 감정이 드러나면 방어기제는 방패를 들고 핵심 감정을 내리 누르려 한다. 안나의 분노가 천천히 고개를 들자 곧바로 방어기제가 나타났다. 아버지의 행동을 합리화하는 건 안나의 방어기제다. 방어기제가 그녀에게 "아버지가 나를 그렇게 대한 데에 다 이유가 있으니 내가 아버지에게 화를 내서는 안 된다"고 말하는 것이다.

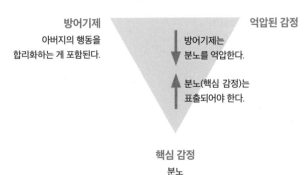

<안나의 감정 변화 삼각형>

방어기제
아버지의 행동을
합리화하는 게 포함된다.

억압된 감정

방어기제는
분노를 억압한다.

분노(핵심 감정)는
표출되어야 한다.

핵심 감정
분노

많은 내담자가 부모에게 화를 내는 일을 어려워했다. 그들은 이렇게 말하곤 했다.

"제가 어떻게 아버지, 어머니에게 화를 내죠? 그분들이 저를 힘들게 키워 주셨는데요."

마치 부모에게 화를 내고 나면 그들의 좋은 면까지 전부 부정해 버린다고 느꼈다.

하지만 인간은 이것 아니면 저것 하는 식의 이분법적 논리를 가지지 않는다. 인간은 복잡하고 저마다 다면성을 가진다.

당신의 일부는 부모에게 분노할 수 있고, 다른 일부는 부모에게 감사할 수 있다. 또 다른 일부는 부모의 행동에 상처를 받을 수도 있다. 이런 감정들이 동시에 존재할 수도 있다.

억압된 감정이
마음을 짓누른다

감정을 알아차리는 것과 감정과 함께할 수 있는 건 다르다. 많은 경우, 감정이 있다는 걸 알아차렸을 때 첫 번째 반응으로 비판하거나 질책한다. 화를 내면 안 된다거나 어떻게 힘들어할 수 있느냐고 여기는 것이다. 어떤 감정이든 상관없이, 계속해서 자신에게 "이런 감정을 가지는 건 잘못이 아니다"라고 말해 줘야 한다.

나는 상담실에서 내담자에게 감정을 느끼라고 인도하면서도 일상생활에서는 감정이 나타날 때 '왜 이렇게 회복되는 데 오래 걸려', '왜 아직도 힘들어하는 거야?' 같은 비판의 목소리가 올라오곤 한다. 마음속에서 질책하는 목소리가 들리기 시작하면, 나는 계속 되뇌면서 나를 다잡는다.

"감정은 감정일 뿐이다. 모든 감정에 옳고 그름은 없다. 나는 모든 감정을 느낄 수 있도록 허락해야 한다. 모든 감정의 존재를 허용해야 한다."

안나는 슬픔은 느꼈지만 분노는 느끼지 못했다. 느끼는 걸 허락받지 못한 분노는 사라지지 않는다. 오히려 누적되어 증오로 변하기 십상이다.

내가 예전에 들었던 한 노부인의 이야기다. 전 남편과 이혼한 지 40년이 지났는데, 마음의 상처가 회복되지 못하고 긴 시간 동안 마음에 증오가 쌓여 갔다. 매일 복수만 생각했고 전 남편이 고통받는 걸 상상했다. 억압된 분노는 누적되었다가 증오로 변해 마음을 짓눌렀고 노부인을 괴롭게 했다.

'시간이 약이다'라는 말이 있지만, 완전히 들어맞지는 않는 것 같다. 감정을 억압하면 시간이 아무리 많이 흘러도 여전히 몸에 감정이 남아 있다. 억압된 분노는 우울감이나 증오로 변해 점점 더 벗어날 수 없는 소용돌이에 빠뜨린다.

화를 낸다고
달라지는 일은 없지만

많은 이가 분노와 '폭력 행위'를 같이 연상한다. 그래서 화를 내면 안 된다고 생각한다.

내담자들은 "화를 낸다고 무슨 소용이 있나요? 일은 벌써 벌어졌고 바뀌는 것도 없는데요. 화를 내 봐야 저만 힘들어져요"라고 말한다. 맞는 말이다. 화를 낸다고 달라지는 건 없다.

하지만 지금까지 여러 차례 강조한 것처럼, 화를 내거나 분노하는 감정은 핵심 감정이며 옳고 그름으로 구분되지 않는다. 분노의 감정은 정보를 전달한다.

"당신은 지금 권리를 침범 당했습니다."

분노가 하는 말을 듣지 않으면, 타인은 지속적으로 선을 넘어 들어올 것이고 용납할 수 없는 방식으로 행동할 것이다. 분노라는 감정을 제대로 느끼지 않으면, 마음속 목소리를 듣지 않으면 자신의 '요구사항'을 중요시하지 않는 것이다. 불만, 원망 그리고 바람에 대한 무시 등이 쌓이고 쌓이면 심각한 문제로 이어진다.

안나에게 분노란 낯선 감정이었다. 어릴 때부터 분노를 제대로 느끼지 못했기 때문이다. 안나 외에도 많은 사람이 어린 시절에 '분노하면 안 된다'고 교육받는다. 때문에 분노라는 감정을 어떻게 대해야 하는지조차 알지 못한다.

나는 안나에게 분노가 어떤 감각인지 느껴 보라고 했다.

"안나, 분노와 마주할 수 있도록 시간을 할애해도 되겠어요?"

안나는 고개를 끄덕인 다음 눈을 감았다.

"당신의 몸에서 지금 어떤 느낌을 관찰할 수 있나요? 느낌을 관찰하기만 하세요. 바꾸려고 하지 마시고요."

잠시 후 안나가 대답했다.

"얼굴이 뜨겁고, 부어 있는 느낌이에요. 머리도 뜨끈뜨끈해요. 분노 외에도 역겹다는 느낌이 있어요. 아버지가 저한테 한 짓은 정말 미친 것 같아요!"

"좀 더 시간을 들여서 '분노'와 '역겨움' 두 가지 감정 옆에 머무르세요. 분노와 역겨움이 어떤 일을 할 수 있을 것 같나요? 그 감정들이 무엇을 하고 싶어 하지요?"

"아버지에게 소리를 지르고 싶어요. 아버지가 나한테 했던 행동들은 역겹고 변태적이었다고 욕하고 싶어요. 아버지가 나를 얼마나 힘들게 했는지 외치고 싶어요. 욕설을 퍼붓고, 아버지한테 '정말 역겨워!'라고 말하고 싶어요."

안나의 목소리가 미세하게 높아졌다. 나는 그녀의 분노를 느낄 수 있었다.

분노는 핵심 감정이며, 제대로 느끼고 표출해야 한다. 안나는 누구도 해치지 않는 방식으로 분노를 표출해야 했다. 그리고 '머릿속으로 상상하는 것'은 좋은 방법이다. 나는 내담자에게 충분히 안전하다고 느껴진다면 상상이라는 방법을 이용해 분노 에너지를 쏟아내 보라고 권하는 편이다. 안나에게도 그렇게 권유했다.

"상상이라는 방법을 이용해 머릿속으로든 큰소리를 내든 상관없으니 아버지에게 당신의 분노와 역겨움을 외쳐 볼까요?"

안나가 고개를 끄덕였고, 다시 눈을 감으며 상상의 세계로 들어갔다. 그곳에서 예순 살이 된 안나는 열 살 꼬마 안나 옆에서 아버지에게 소리를 질렀다. 아버지의 행동이 그녀를 얼마나 상처 입혔는지 아느냐고 외쳤다.

꼬마 안나든 현재의 안나든 아버지가 왜 그런 행동을 했는지 이해할 수 없었다. 아버지는 이미 세상을 떠났으니 안나가 대답을 들을 방법은 없다. 하지만 줄곧 두려움에 갇혀 살면서 자신은 가치가 없는 존재라고 믿었던 소녀 안나는, 그날 이후 분노를 느낄 수 있는 기회를 얻었다. 그리고 자신을 지키는 한편 아버지에게 자신의 목소리를 전하는 경험을 했다.

누구나 타인을 다치게 하지 않는 방식으로 분노를 표출할 필요가 있다. 어떤 이는 아무도 없는 곳에서 소리를 지른다. 차 안에서 고함을 치기도 한다. 베개를 때리거나 종이를 찢는 경우도 있다.

미국의 심리학자 퀴블러 로스(Kübler-Ross)는 병원에 누구나 분노를 표출할 수 있도록 준비된 방이 있어야 한다고 주장했다. 그 방에서 소리를 지르고 물건을 던지게끔 하는 것이다.

나 역시 회사나 학교에 '분노실' 같은 공간을 마련해 분노를 제대로 표출하도록 해야 한다고 생각한다.

분노는 느껴야 하는 감정이다. 안전한 방식으로 표출해야 한다. 그리고 옳고 그름으로 평가해서는 안 된다.

10

아무리 긴 폭풍이라도
영원하지 않다

/// 슬픔 ///

날씨가 그렇듯,
감정은 마음대로 바꿀 수 없다.
우리가 할 수 있는 일은
받아들이는 것이며,
슬픔이라는 폭풍이 지나가기를
인내하며 기다리는 것뿐이다.

"네 살 생일날 무슨 소원을 빌었는지 기억해요. 다음 해 생일에는 살아 있지 않았으면 좋겠다는 소원이었죠."

상담실 소파에 앉은 엘리(Elly)는 올해 서른일곱 살이다. 눈물이 가득 고인 눈으로 나를 쳐다보며 이렇게 말했을 때, 나는 커다란 바위가 가슴에 툭 떨어지는 기분이었다. 네 살배기 여자아이가 얼마나 괴로웠으면 생일날 그런 소원을 빌었을까?

아이들은 보호와 돌봄을 필요로 한다. 나에게는 당연한 일인데, 많은 사람에게는 사치스러운 일이기도 하다. 엘리에게 '집'은 악몽이었다. 그녀는 끊임없이 그곳에서 도망치려 했다. 어렸을 때부터 자해나 자살을 하려고 생각했고, 누군가에게 납치되었으면 좋겠다고 상상했다. 납치되면 집을 떠날 수 있으니까.

수많은 학대 사례 중에서도 정서적 학대는 그냥 지나치기 쉽다. 신체적 학대처럼 상처나 멍이 남지 않기 때문이다. 하지만 정서적 학대는 한 아이를 완전히 망가뜨릴 수 있다.

"엄마하고 언니는 저를 자주 때렸어요. 매일같이 '바보 멍청이', '나가 죽어', '쓸모없는 것', '못생겼어', '뚱뚱해', '너 때문에 우리 집이 이 꼴이 됐어' 같은 말을 들었지요."

엘리는 잠깐 말을 멈췄다. 다시 입을 열었을 때는 목소리가 울음에 잠겨 있었다.

"엄마와 언니가 왜 그렇게 나를 미워했는지 모르겠어요. 가족 중에서 안전하다고 느껴지는 사람은 아빠뿐이었어요. 아빠 앞에서만 제가 '사람'이라는 느낌을 받았어요. 하지만 아빠는 제가 여덟 살 때 지병으로 입원하셨고, 그 후 얼마 지나지 않아 돌아가셨어요. 제가 안심할 수 있었던 유일한 사람이 사라진 거예요."

엘리는 큰소리로 울음을 터뜨렸다. 조그맣게 말린 몸이 떨렸다.

엘리의 내면세계에는 폭풍이 몰아치고 있었다. 그녀는 바다에서 비바람을 만난 조각배 같았다. 거친 파도 같은 감정들이 계속해서 그녀를 덮쳤다. 그때 내가 엘리를 위해 할 수 있는 일은 감정의 폭풍이 지나가기를 기다려 주는 것뿐이었다.

영원할 것 같지만
결국 서서히 흐려진다

"이제 어떻게 해야 하죠?"

엘리가 울면서 물었다.

"엘리, 지금 슬픔의 파도가 당신을 향해 밀려오고 있지요. 당신이 해야 할 일은 그 슬픔을 느끼는 거예요. 바꾸려고 하지 말고, 그저 슬픔이 당신 몸에 어떤 감각을 주는지 느끼기만 하면 됩니다. 제가 가르쳐 준 심호흡 방법을 기억하죠? 4초간 숨을 들이마시고 8초간 숨을 내쉬세요. 천천히 들이마시고… 천천히 내쉬고…. 숨을 들이쉬고 내쉬는 데만 집중하세요. 한 번에 한 차례씩 들이마시고 내쉬면 됩니다."

나는 부드럽게 심호흡을 유도하면서 엘리의 슬픔이 지나가기를 기다렸다.

감정이 몹시 격렬할 때는 바다 위에서 폭풍을 만난 조각배와 비슷하다. 심한 고통으로 당장 다음 1분조차 견디기 어렵다. 그럴 때 고통은 당신을 숨쉬기 힘들게 하고, 미래를 보지 못하게 하며, 아무

것도 바꿀 수 없다는 느낌을 준다.

그럴 때 한 번이라도 심호흡을 해 보자. 심호흡 한 번이 잘 끝나면 다시 한 번 더 심호흡을 해 보자. 숨을 들이쉬고 내쉬는 감각에 집중하기만 하면 된다. 지속적으로 숨을 들이쉬고 내쉴 수 있으면, 지금 이 순간의 1분을 견딜 수 있는 것이다.

1분 전에는 고통을 견디지 못할 것처럼 느꼈지만, 실제로는 잘 넘겼다. 그러니 다음 1분도 버틸 수 있을지 모른다. 천천히, 불가능해 보이던 '미래'가 다시 눈앞에 펼쳐질 것이다.

잠시 후, 엘리는 조금씩 안정을 되찾았다. 나 역시 그녀가 슬픔의 폭풍에서 벗어났다고 느꼈다. 엘리가 말했다.

"가슴을 짓누르던 압박감이 많이 줄어들었어요."

10분 전에 엘리는 슬픔을 직접 느끼면 멈추지 못할 거라고 여겼다. 하지만 감정을 실제로 느껴야만 '감정이 일어나면 정말 고통스럽지만 벗어날 방법이 있다'는 경험이 쌓인다.

슬픔을 느끼는 일을 두려워하는 사람들이 많다. 엘리처럼 울음을 참지 못하는 게 두려워서다. 하지만 감정이란 아무리 격렬해도 오래 지속되지 않는다.

감정을 제대로 느끼기만 하면 금세 흩어지고 사라져 버린다. 숨을 들이마시고 내쉬고, 한 번의 심호흡이면 된다. 슬픔의 폭풍우에서 벗어나 있을 것이다.

폭풍이 지나갈 때까지
인내하며 기다려야 한다

나 역시 상실을 경험했다. 한동안 나의 내면세계에도 감정의 폭풍우가 몰아쳤다.

어떨 때는 한밤중에 갑자기 가슴이 심하게 뛰고 묵직한 물건이 얹힌 것처럼 아파서 깨기도 했다. 그럴 때 나는 '감정의 폭풍우가 왔구나' 하고 생각했다.

감정은 날씨와 같다. 오늘 날씨가 맑든 비바람이 불든, 날씨를 마음대로 바꿀 수는 없다. 할 수 있는 건, 상황을 받아들이고 인내심 있게 폭풍우가 지나가기를 기다리는 것뿐이다. 폭풍우가 아무리 길어도 결국은 '잠깐'일 뿐이다.

나의 내면세계에 폭풍우가 친다는 걸 인지하고선, 눈을 감고 내가 악천후 속에 항해하는 조각배라고 상상한다.

'폭풍우는 지나갈 거야' 하고 계속 되뇌면서 숨을 들이마시고 내쉬며 심호흡을 한다. 심호흡은 한 번 할 때마다 집중하면서 한 차례씩 들이쉬고 내쉬면 충분하다. 그러면 폭풍우가 지나갈 때까지 버틸 수 있다.

감정은 생각하는 게 아니라 느끼는 것이다. 감정의 파도가 밀려올 때, 어떤 행동도 할 필요가 없고 어떤 생각도 할 필요가 없다. 생각하기 시작하면 대뇌는 '사고'하는 모드에 맞춰진다. 그럴수록 감정을 느끼는 것과 멀어지고 만다.

우리가 해야 할 일은 느끼는 것뿐이다. 모든 감정은 잠깐일 뿐이다. 분노도, 슬픔도 잠깐 머무르다 지나간다. 그 감정이 얼마나 격렬하든지 간에, 결국에는 지나간다.

감정의 파도가 출현하는 방식은 제각각이다. 어떨 때는 거대한 해일로, 어떨 때는 규모는 작지만 끊임없이 밀어닥치는 파도로 나타난다.

감정이 일어나면 이름을 붙여 보자. 슬픔, 분노, 수치심…. 그런 다음 각각의 감정이 파도처럼 밀려올 때 감정이 몸을 공격하는 감각을 느껴 보자. 그리고 감정의 파도가 몸에서 천천히 물러가는 감각도 느껴 보자.

사람들은 '부정적 감정'이 생기면 심리적으로 건강하지 않다고 오해한다. 여러 차례 강조했듯, 감정은 감정일 뿐이다.

감정이 일어나는 걸 통제할 방법은 없다. 또 감정을 통제하려고 시도하는 일은 각종 방어기제로 감정을 억압하는 것과 다름없다.

제대로 느끼지 않은 감정은 고스란히 누적되어 더 큰 상처로 이어진다. 건강한 심리 상태란 부정적 감정이 없는 게 아니라 어떤 감정이든지 제대로 마주할 수 있는 상태를 가리킨다.

감정의 폭풍우를 지나는 법

우리 삶이 바다 위에 떠 있는 조각배라면, 감정은 매일의 날씨다. 날씨를 통제할 수도 바꿀 수도 없다. 할 수 있는 일은, 그날의 날씨를 받아들이고 폭풍우가 지나가기를 기다리는 것이다.

감정의 폭풍우가 나타났을 때 어떻게 해야 할지 연습해 보자.

① 지금 어떤 신체적 감각이 느껴지는지 관찰한다. 마음속으로 어떤 감각인지 설명한다(예를 들어 '가슴이 묵직한 느낌이다' 등). 신체적 감각에 집중하면서 그 감각에 이름을 붙인다.

② 자기 자신에게 말을 건다. "감정의 폭풍우가 출현했다. 지금 많이 힘들어도 감정은 잠깐일 뿐이고, 폭풍우는 반드시 지나간다." 스스로 감정을 느끼려 해 보자. 감정의 파도가 자신에게 다가오는 걸 내버려 두는 것이다.

③ 천천히 심호흡을 한다. 4초간 들이마시고 8초간 내쉰다. 호흡에 집중하면서, 한 번의 심호흡에 한 차례씩 들이마시고 내쉬면 된다.

④ 심호흡을 유지하면서 신체적 감각을 지속적으로 관찰한다. 감정의 파도가 물러갔다고 느낄 때까지 계속한다. 어떨 때는 파도가 물러갔나 싶은 순간 다음 파도가 들이닥치기도 한다. 상술한 동작을 반복하면서 모든 감정을 충분히 경험하자.

11

실컷 우는 게
울지 않는 것보다 낫다

/// 상실 ///

슬픔은 치유할 수 없기 때문에
함께 살아가야 한다.
그래서 슬픔은 '극복'할 필요가 없다.
상실감과 슬픔이 삶의 일부분이 되게 하라.
이 감정을 휴대한 채 삶의 여정을 걸어가야 한다.

독자 한 분이 내 블로그에 댓글을 남겼다. 그는 몇 달 전 아내가 암으로 세상을 떠났다고 했다.

그 글을 보고 마음이 무겁고 슬퍼졌다. 문자로 표현할 수 없는 슬픔이었다. 어떤 말로 수식하더라도 그런 종류의 감정을 정확히 묘사할 수는 없을 터였다.

상실을 경험한다는 건 고통을 동반하는 정도가 아니다. 멀쩡하던 세계가 별안간 부서지는 일이다.

내면세계에 지진이 일어나는 것과 같다. 평온하던 노로에 싱크홀

이 생기고 아래로 추락하는 것이다. 1초 전에는 안정적으로 바닥을 딛고 서 있었는데, 1초 후에는 손가락 하나도 보기 힘든 어둠에 잠겨 어딘지도 모르게 된다. 무슨 일이 일어났는지 파악해 보려 하지만 이해할 수 없고, 익숙한 것들이 다 사라진다.

그렇게 세상이 부서진다. 상실을 겪은 후에는 다시 원래 모습으로 돌아갈 수 없다.

상실이 깊을수록
철저하게 애도해야 한다

"오빠가 한 달 전에 세상을 떠났어요…."

앤지(Angie)는 말을 끝맺지 못하고 울음을 터뜨렸다. 앤지는 대학 4학년이었고, 마지막 학기가 시작되는 해의 첫 주에 상담이 있었다.

한 달 전이라면 대략 미국의 추수감사절 즈음이다. 추수감사절이나 성탄절은 가족들이 한자리에 모이는 날이다. 그런데 앤지와 가족들은 그때 심각한 상실을 겪었다. 그렇게 생각하자 더 마음이 아팠다. 앤지의 오빠는 젊고 건강했는데 어느 날 외출했다가 사고로 세상을 떠났다.

그 일이 있은 후 앤지는 세상이 흐릿해 보였다. 한밤중에 어머니가 비명을 질렀던 것, 차를 타고 병원으로 달려간 것, 수술 결과를 기다리던 가족들에게 의사가 와서 오빠의 사망 소식을 알려 준 것, 아빠가 병원 바닥에 주저앉아 이성을 잃고 소리친 것 등이 희미하게 기억날 뿐이다.

집으로 돌아온 후에는 매일같이 많은 사람이 집을 방문했던 것 같다. 이런저런 소리와 장면이 기억나지만 대부분 자세히 기억나지 않는다.

"오빠는 대단한 사람이었어요. 나는 무슨 일이든 오빠와 의논했죠. 실연했을 때는 다섯 시간이나 운전해서 나를 데리러 왔어요."

앤지에게 오빠는 풍랑을 피할 수 있는 안전한 항구였다. 그녀가 안심할 수 있는 장소가 갑자기 사라지면서 메낭 깊체가 흔들렸다.

"지금까지는 거의 울지 않았어요."

앤지가 눈물을 닦고 부연 설명했다.

"사실 아무 감각도 못 느꼈던 것 같아요. 오빠가 세상을 떠나고 나서 저는 오빠 사진도 쳐다보질 못해요. 오빠 페이스북도 못 가겠고, 유품도 만지지 못하겠더군요. 오빠 방에도 들어가는 게 두려워요. 아마도 저는 '부정' 단계에 있나 봐요."

대학 내 상담 센터에서 일하다 보면, 매우 이성적인 내담자를 만날 때가 있다. 그들은 배운 지식을 바탕으로 스스로를 분석한다. 앤지도 그런 사람이었다.

미국 심리학자 퀴블러 로스는 죽음을 받아들이는 과정을 부정, 분노, 거래, 좌절, 수용의 다섯 단계로 설명했다.

그래서 사람들은 죽음을 애도할 때 반드시 이 다섯 단계를 차례대로 거친다고 오해한다. 수용의 단계에 이르면 마땅히 심리적으로 다 치유되었다고 여기는 것도 그런 오해에서 기인한다.

그러나 애도하는 마음에는 시간표도 획일화된 방식도 정해져 있지 않다.

퀴블러 로스는 오랫동안 임종을 맞는 환자를 관찰하고서 이 이론을 제창했다. 이 이론은 슬퍼하는 사람들에게 그런 감정들이 나타나는 게 정상이라고 말한다. 그런데 사람들은 감정이 정해진 순서대로 나타나며 마지막 수용 단계에 이르면 완전히 회복된다고 잘못 이해하는 것이다.

슬픔을 마주하는 데는 특효약이 없다. 내가 앤지를 도와줄 수 있는 방법도 슬픔의 고통을 느끼라고 권하는 것뿐이었다. 자신에게 여러 가지 감정과 느낌이 있다는 걸 받아들이고 허락해야 한다. 상실을 슬퍼하고 애도하는 건 사랑의 연장선이다.

자기 자신에 대한 사랑이든, 타인에 대한 사랑이든, 삶 전반에 대한 사랑이든 말이다. **상실을 슬퍼하는 건 사랑을 쏟지 못하기에 생기는 감정이다. 우리는 사랑이 있기 때문에 슬퍼하고 아파한다.**

애도하는 마음에는
충분한 시간이 필요하다

나는 미국 펜실베이니아 주에 산다. 겨울이 길고 엄혹한 지역이다. 매년 3~4월이면 얼른 봄이 오기를 기다린다. 얼른 기온이 올라가서 메마른 가지에 초록색 잎이 드문드문 돋아나기를 바란다.

그런데 겨울에서 봄으로 접어드는 이 시기의 날씨는 변덕스럽다. 잠깐 따뜻했다가 금세 기온이 뚝 떨어지고, 바람이 세차게 불고 비가 오다가 금세 태양이 얼굴을 내민다. 갑자기 큰 눈이 내리기도 하는 등 날씨가 어떻게 바뀔지 짐작하기 어려워 사람들이 답답해하는 일이 많다.

애도의 과정은 겨울에서 봄으로 넘어가는 시기의 날씨와 비슷하다. 이랬다저랬다 하고 예상할 수 없다. 며칠간은 기분이 좋아 다 극복했나 싶다가도 그다음 며칠간 우울하고 고통스럽기도 하다.

앤지와 상담한 그 학기에 내가 한 일은, 나타났다 사라졌다 반복하는 감정을 받아들이고 감정의 목소리에 귀를 기울이라고 격려한 것이었다.

"친구들이 저에게 힘들다고 하소연하면 괜히 화가 났어요. 그런 사소한 일이 뭐가 힘들다는 건가 생각했죠."

"제 생각에 저는 나쁜 친구예요. 남들이 별것도 아닌 일로 원망하는 이야기를 듣고 싶지 않거든요. 예전에는 그러지 않았는데 어쩌다 이렇게 되었을까요?"

"지난주에 친구 하나가 자기 오빠가 얼마나 못되게 구는지 아느냐며 하소연을 하더군요. 그때 저는 속으로 화가 많이 났어요. 그래도 오빠가 건강히 살아 있잖아요? 저한테는 이제 오빠가 없단 말이에요! 남들은 형제자매끼리 사이가 좋지 않다고들 해요. 저와 오빠는 정말 우애가 좋았어요. 그런데 왜 나한테만 이런 일이 일어나는 거예요?"

"그날 마트에서 장을 보고 계산하려는데, 계산대 직원이 저에게 형제가 있느냐고 물었어요. 그 순간 뭐라고 대답해야 할지 모르겠더군요. '없다'고 말하고 싶지 않았어요. 그러면 오빠의 존재를 완전히 부정하는 것 같잖아요. 하지만 오빠는 세상에 없는데, '있다'고 말할 수도 없어서…."

"오빠한테 화가 나요. 왜 술 마시고 노는 친구들과 어울린 걸까요? 그들이 오빠를 불러내지만 않았어도…."

"요즘 아빠와 엄마는 걸어 다니는 시체나 다름 없어요. 그런 부모님께 저까지 걱정을 끼치고 싶지 않아서 괜찮은 척해요. 그런데 부모님은 제가 어떻게 견디고 있는지 관심도 없어요. 절망에서 빠져나오지 못하고 계세요. 그렇지만 아직 딸인 제가 있잖아요? 저는 그만큼 중요하지 않다는 건가요?"

"오빠한테 화를 내면 안 돼요. 부모님께 화를 내면 안 돼요. 부모님이 많이 힘드시다는 걸 잘 알고 있어요."

"다들 내가 어떤 마음인지 잘 안대요. 그럴 리가요! 그들은 제 마음을 조금도 몰라요. 왜 빨리 털어 내라고 난리인 거죠?"

"지난주에는 괜찮았어요. 너무 힘들지는 않았어요. 그런데 또 감정 마비가 시작된 게 아닐까 걱정이에요. 마음이 힘들지 않으면 오빠를 잊어버리게 될까요? 오빠를 잊고 싶지 않아요⋯."

애도하는 마음은 '문제'가 아니다. 그러니 빠른 시간 안에 '고칠' 필요가 없다. 앤지의 모든 감정, 생각 등은 옳고 그름, 좋고 나쁨이 없다. 감정과 생각은 평가의 대상이 아니다. **앤지에게 필요한 건 공간이다. 슬픔과 고통을 마주할 수 있는 공간 말이다.**

안타깝게도 사람들은 슬퍼하는 사람을 어떻게 대해야 하는지 잘 모른다. 그래서 평가하거나 제안하는 방식으로 반응한다. 가까운 사람을 잃은 슬픔에 빠진 내담자들은 자기 자신의 슬픔 외에도 타인의 '평가'와 맞닥뜨려야 했다.

그래서 많은 내담자가 자신의 슬픔을 표현하지 않는 걸 선택한다. 그러면 자신이 얼마나 아픈지, 왜 아직 힘든지를 설명하지 않아도 된다. 다 괜찮아진 척하면 훨씬 쉬운 것이다.

슬픔은 극복할 수 있는
감정이 아니다

슬픔은 누구와도 비교할 수 없다. 상실을 슬퍼하는 마음은 사랑의 일부분이며, 모든 관계에서 사랑하는 정도가 다르듯 애도하는 마음의 고통 역시 저마다 다르다.

가족, 배우자, 자식, 반려동물, 연애 관계, 결혼 생활, 건강, 직장 등 당신이 무엇을 잃었느냐에 관계없이 상실의 고통은 모두 진짜다. 그러니 자신이 느끼는 모든 감정을 받아들여야 한다.

과거에 소유했던 인간 혹은 사물을 잃은 것만을 슬퍼하는 게 아니다. 꿈꾸던 미래, 앞으로 일어나리라 기대했던 일들이 전부 사라진 것이다.

언젠가 상담에서 앤지는 울면서 말했다.

"앞으로 제 대학 졸업, 대학원 졸업, 결혼, 출산 등 모든 미래에 오빠는 존재하지 못해요. 제 아이도 외삼촌이 없을 테고요."

앤지는 오빠를 잃었고, 머릿속에서 그리던 미래의 모습도 잃었다. 오빠가 더 이상 그녀가 꿈꾸는 미래에 나타나지 못하게 되었기 때문이다. 앤지는 앞으로 인생에서 중요한 순간을 맞이할 때마다 오빠의 빈자리를 떠올리며 가슴 아파할 것이다.

슬픔은 '치료'할 수 없다. 계속해서 삶에 휴대하며 다녀야 한다.

시간이 아무리 흘러도 떠난 사람이나 사물이 전과 다름없는 모습으로 회복될 수는 없다.

슬픔은 '극복'해야 할 대상이 아니다. 상실로 인한 슬픔은 삶의 일부분이기 때문이다. 누구도 완전히 '벗어나는(move on)' 게 불가능하기에 슬픔을 지닌 채로 '나아가는(move forward)' 것이다.

미국의 크리스틴 네프(Kristen Neff) 교수는 자신의 저서에서 고통(pain)과 괴로움(suffering)은 다르다고 했다. 고통을 느끼는 건 인생의 정상적인 부분이다. 고통이 나타날 때는 고통을 잘 대우해야 한다. 그러나 많은 사람이 고통을 느끼지 않으려 하고 억압하기 때문에 괴로움이 된다. 이 이야기가 처음에는 잘 이해되지 않았다. 고통을 잘 대우한다는 게 무슨 뜻일까?

고통스러운 감정으로 힘들어하는 사람이 있을 때, 그에게 부드러운 태도로 "잘 견디고 있어!", "내가 곁에 있을게"라고 말한다.

하지만 우리 자신이 고통스러울 때는 어떨까? 자신의 고통에 대한 반응은 죄책감이나 비판이기 일쑤다. "나는 왜 이런 감정을 느끼지?", "나는 왜 아직도 고통에서 벗어나지 못하는 걸까?" 질책하며 자기 자신에게 화를 내거나 실망한다.

네프 교수가 책에서 언급한 '자신의 고통을 잘 대우하라'는 말은, 타인을 부드럽게 위로했듯 자신을 대하라는 뜻이다. 고통이라는 감정이 나타나면 '생각'하는 데 빠져드는 경우가 많다. 그가 나에게 왜 이렇게 대하는지, 어째서 나에게 이런 일이 벌어졌는지를 생각하고 분석하려 한다. 현재 마주한 고통을 '느끼는' 데는 소홀하다.

고통을 잘 대우하려면 고통의 존재를 인정해야 한다.

내가 좋아하는 방법은 내 고통을 마사지해 주는 것이다. 고통이라는 감정이 나타났다는 걸 알아차렸다면(대체로 가슴이 묵직해지는 느낌이 들 때) 손으로 무겁게 느껴지는 가슴을 부드럽게 마사지하면서 마음속으로 나에게 부드럽게 말을 건다.

"그래, 이런 일을 겪으니 정말 힘드네!" 하고 평가하거나 질책하면 안 된다. 오로지 내가 겪고 있는 고통이 어떤 감정인지를 느끼기만 해야 한다.

고통을 억압하지 않으면, 즉 고통이 숨 쉴 수 있는 공간과 감정을 편안하게 펼쳐놓을 수 있는 공간을 허락해 준다면, 고통이 자신의 존재를 알리려고 포효하지 않을 것이다. 그러면 변화가 시작된다.

겨울이 지나고
봄이 오듯이

상실을 경험한 사람은 금세 자신이 잃은 게 사람이나 사물에 그치지 않는다는 것, 과거의 자기 자신이 상실이라는 힘든 경험과 함께 사라져 버렸다는 사실을 깨닫는다.

과거의 자신이 사라진 상황에서 아직 새롭게 자기 모습이 형성되지 않았을 때, '나는 아무 존재도 아니다'라는 막막하고 불확실한 감각을 느낀다.

사랑하는 무언가를 잃었을 때의 슬픔을, 배를 타고 호수를 건너는 상황에 비유할 수 있다. 노를 저어 호수 중앙에 왔을 때 출발했던 나루터도 앞으로 가야 할 나루터로 보이지 않는다면, 길을 잃은 것처럼 불안할 것이다. 내가 누구인지, 앞으로 어떤 존재가 될지 알 수 없는 느낌인 것이다.

고통, 불안, 막막함, 불확실함 등의 감정은 상실을 늘버하는 애도의 과정'이다. 겨울이 가면 봄이 오듯, 과도기는 힘든 과정의 끝과 새로운 시작을 의미하기도 한다.

사랑하는 무언가를 잃는 경험은 고통스럽다. 그때 할 수 있는 일은, 계속해서 슬퍼하고 슬퍼하며 나아가는 것뿐이다. 계속 노를 젓다 보면 언젠가는 호수 저편의 나루터가 보일 거라고 믿어야 한다.

한 학기 동안의 상담이 끝난 후 앤지는 졸업했다. 몇 달이 지나 추수감사절 하루 전, 앤지가 보낸 이메일을 받았다. 생활이 많이 안정되었다고 했다. 다른 상담사를 만나며 계속해서 오빠의 죽음을 애도하는 중이라고노 했다.

고통을 잘 대우하는 법

고통은 인생의 일부분으로서 지극히 정상적인 것이다. 때문에 고통스러운 감정이 나타날 때 자신의 고통을 잘 대우할 줄 알아야 하는데, 연습이 필요하다.

① '생각 모드'에 빠져 있지 않은지 점검한다. '내가 또 뭘 잘못했을까?', '어디서 또 실패한 걸까?', '왜 이런 일이 나에게 벌어졌을까?', '왜 저 사람이 나에게 이런 말을 하는 걸까?' 같은 생각을 하는 중인지 살펴봐야 한다.

② '생각 모드'에 빠져 있다는 걸 알아차렸다면, 신체적 감각에 집중하려고 노력한다. '나는 지금 고통을 느끼고 있다'는 사실을 인식하는 게 중요하다. 그런 다음 몸에서 어떤 느낌이 전해지는지 느껴 보자. 예를 들어 가슴이 무겁다거나 팔에 힘이 들어가지 않는다 등의 느낌이 있을 수 있다.

③ 스스로에게 부드럽게 말을 건다. "그래, 이런 일을 겪으니 정말 힘들고 고통스러워."

④ 고통이 신체적인 느낌으로 전해졌던 부위(예를 들어 가슴, 팔, 어깨 등)를 부드럽게 마사지한다. 동시에 자신의 고통에게 말을 건다. "너를 찾아냈어. 네 목소리를 들었어. 이런 일이 있어서 정말 고통스러워."

⑤ 마음속 목소리에 귀를 기울여 본다. "지금 필요한 게 뭘까? 어떤 일을 하면 좀 나아질까?" 자신을 조금이라도 편안하게 해 주는 일을 찾아 실행한다. 예를 들어 차를 끓이거나 책을 읽거나 음악을 듣거나 친구에게 전화를 거는 등의 일을 해 보는 것이다.

12

인생은 본래
변화로 가득한 곳이다

/// 두려움 ///

두려움이 점점 더 커질 때,
익숙한 영역에 머무르려고 한다.
우리는 두려움이라는 감옥에 갇힌 죄수와 같다.
무엇을 해야 하고 무엇을 하지 말아야 할지
두려움이 결정한다.

내담자가 자기감정을 제대로 직시할 수 있도록 이끌어 줄 때, 심한 압박감으로 작용하는 감정이 바로 두려움이다. 특히 '미지(未知)'가 주는 공포가 그렇다.

나는 이런 상황을 '인생의 사막'이라는 표현으로 비유한다. 사막을 걸어가고 있다고 상상해 보자. 끝이 보이지 않는 사막에서 막막함, 당혹스러움, 두려움 등을 느낄 것이다. 어디쯤 걷고 있는지, 어디를 향해 가는지 알지 못하기 때문이다.

우리는 살면서 여러 차례 사막 입구에 도달하는 경험을 한다. 많은 사람이 입구에 가만히 서서 사막 안으로 발을 들여놓지 못할 뿐이다.

로라(Laura)가 바로 사막 입구에 서 있는 상태의 내담자였다.

약혼자와의 결혼이
망설여지는 이유

대학원에 다니는 로라가 느릿느릿 말했다.

"약혼자와 결혼해야 하는지 모르겠어요. 헤어져야 할지….."

결혼을 선택하면, 로라의 삶은 원래 계획한 대로 흘러갈 것이다. 약혼자와 헤어지면, 로라는 인생의 사막에 들어서는 셈이 된다. 어떤 일이 벌어질지 알 수 없는 '미지'와 그로 인한 두려움을 맞닥뜨릴 것이다.

결혼을 선택하는 게 마음이 놓이는 결정으로 보인다. 로라 역시 약혼자와 결혼할 준비를 하고 있는 상황이었다. 그러나 그녀의 마음속에서 '이 관계를 끝내!'라는 목소리가 울리고 있었다.

"우리는 아이를 낳는 문제로 자주 다퉜어요. 저는 아이를 낳고 싶지 않아요. 제가 앓고 있는 지병 때문에 임신은 위험 부담이 크거든요. 또 석사 과정을 마치면 이어서 박사 과정을 밟을 생각이기도 해서 아이를 낳지 말자고 했어요. 그런데 약혼자는 반드시 아이를 낳아야 한다고 몇 번이나 강조했어요. 이 문제만 나오면 항상 크게 싸웠죠."

나는 가슴 안쪽이 죄이듯 아팠다. 아이를 낳느냐 마느냐, 결혼할 사이에서는 정말 중대한 문제이자 결정이다. 로라와 약혼자는 이 문제에 있어서 의견 일치를 이루지 못한 상태로 결혼 준비를 시작했다.

아이를 낳거나 낳지 않거나, 옳고 그름으로 따질 일이 아니다. 누구나 원하는 삶을 추구할 권리가 있다. 로라는 자신이 원하는 대로 공부하고 직장을 가질 권리가 있으며, 약혼자 역시 그가 원하는 모습의 가정을 꾸릴 권리가 있다.

두 사람은 결혼이라는 단계에 접어들기 전에 이 문제를 확실히 결정해야 한다. 둘 중 하나가 일방적으로 자신의 의견을 굽히고 희생해서는 안 된다.

결혼 준비가 진행되면서 로라는 점점 불안해졌다. 마음속에서 울리는 '헤어져'라는 목소리도 점점 커졌다. 매주 한 번 진행하는 상담에서 로라는, 결혼과 헤어짐이라는 두 가지 선택지 사이를 수시로 오갔다.

"지난주에 또 아이 문제로 크게 싸웠어요. 나이가 좀 있는 아이로 입양하는 것까지는 동의하겠다고 했는데, 약혼자는 반드시 우리가 낳아야 한다더군요. 제 건강 상태로는 임신을 하는 게 몹시 위험해요. 그는 왜 제 입장에서 생각하지 않는 거죠?"

로라는 헤어진다는 선택지 쪽으로 약간 기울었다. 그런데 다음 상담 때는 결혼한다는 선택지 쪽으로 기울어 있었다.

"이번 주말에 같이 여행을 가기로 했어요. 우리는 사귄 지 몇 년이나 되었죠. 저는 그를 사랑하고, 그도 저를 사랑해요. 우리는 결혼 준비를 계속하기로 했어요."

그런데 아이 문제만 나오면 헤어지는 쪽으로 바뀌었다.

"지난주에 그가 저한테 고함을 쳤어요. 그는 제가 아이를 낳고 싶지 않아 하는 마음을 조금도 이해하지 못하는 것 같아요. 제가 하는 말을 들을 생각이 아예 없다니까요. 매번 갑작스럽게 분노를 터뜨리니까 이 얘기를 또 꺼낼 용기가 안 나요. 우리 사이의 소통이라는 게 늘 이런 식이에요. 그는 갑자기 심하게 화를 내고, 저는 더 이상 아무 말도 못 꺼내는 거죠. 도대체 대화가 안 돼요!"

로라는 격앙된 말투로 말을 이었다.

"결정했어요! 다음 주에 시험이 끝나면 그와 제대로 담판을 지을 거예요. 그때도 아이를 꼭 낳아야 한다고 고집하면 헤어지는 수밖에 없어요!"

변화가 두려워
문제를 회피하는 로라

배우자와의 관계는 심리 상담에서 흔한 주제다. 그렇기에 나는 상담할 때 내 개인 의견이 내담자에게 영향을 주지 않게끔 조심한다. 로라는 약혼자와 헤어지고 싶은 걸까, 결혼하고 싶은 걸까?

당연하게도 나에게는 내가 생각하는 답이 있다. 하지만 상담의 주체는 상담사가 아니라 내담자이기 때문에, 나는 로라가 스스로 결정할 수 있도록 돕는 역할만 해야 한다. 내 의견을 로라에게 주입해서는 안 된다.

헤어져야 할까, 결혼해야 할까? 올바른 결정을 내리려면 로라가 자기 내면의 감정과 제대로 대면해야 했다. 자기감정이 어떤 이야기를 하는지 귀를 기울여야 하는 것이다.

<로라의 감정 변화 삼각형>

방어기제
쉬지 않고 말하거나
생각(분석)한다.

억압된 감정

방어기제가
감정을 억압한다.

로라가 느껴야 할
핵심 감정.

핵심 감정
고통, 미안함, 슬픔, 두려움, 분노 능.

감정 변화 삼각형의 하단에는 로라가 느껴야 하는 핵심 감정들이 존재한다. 헤어짐의 고통, 약혼자를 저버린다는 미안함, 헤어진 뒤에 맞닥뜨릴지도 모르는 미래에의 두려움, 약혼자가 자신의 마음을 알아주지 않는다는 데 대한 분노….

이런 감정들을 정면으로 마주하는 일이 로라에게는 너무 무서웠다. 그래서 로라는 빠르게 말하기, 끊임없이 생각하고 분석하기 같은 방어기제에서 벗어나지 못하고 있었다. 다시 말해, '생각 모드'에 멈춰 있어서 감정을 느끼지 못하고 있었던 것이다.

내가 보기에 로라는 약혼자와 헤어지고 싶다는 생각을 한 지 오래되었다. 그러나 약혼자와 헤어진다는 건 그녀가 오랫동안 유지해 온 생활을 무너뜨리는 일이었다. 즉 사막 안으로 들어가서 미지의 무언가, 막막한 감점 등을 대면하는 일과 같았다.

로라의 이성은 약혼자와 헤어져야 한다고 말한다. 반면 로라의 감정은 헤어진 후에 겪을 고통과 두려움에 너무 심한 압박을 받는 상태였다. 그래서 로라는 사막 입구에 서서 이러지도 저러지도 못하고 있었다.

'변화'를 두려워하기 때문에 많은 사람이 예전부터 지속해 온 삶의 형태에 머무르는 것, 고통스러운 관계 혹은 결혼 생활을 지속하는 것, 열정을 느끼지 못하는 직장을 그만두지 못하는 것을 선택한다. 매일 의미 없이 반복되는 하루하루가 즐겁지는 않아도 최소한 익숙하기 때문이다. '미지(알 수 없음)'는 사람을 두렵게 만든다. '익숙함'은 편안하고 좋은 것이다.

헤어질 것이냐, 결혼할 것이냐? 로라가 최종적으로 어떤 결정을 내리든 옳고 그름으로 평가할 수는 없다. 다만 변화가 두려워 결혼을 선택한다면, 로라가 아니라 두려움이 로라 대신 결정한 것에 지나지 않는다.

익숙한 삶을 버리고
사막 안으로 들어가라

우리는 평생 여러 차례 사막 입구에서 서성이는 경험을 한다. 그러나 누구나 사막 안으로 들어가는 선택을 하는 건 아니다. 사막에 들어가면 현재의 익숙한 삶은 사라진다. 사람들은 대부분 변화를 싫어하며, 그래서 서성이던 사막 입구에 물러서 원래의 삶의 형태로 돌아간다.

나도 살면서 사막 입구를 서성였던 경험이 몇 번이나 있다. 대학 4학년 때, 나는 사막 입구에 갔다. 그때 나는 생화학과를 다니고 있었다. 학과 친구들은 연구소 채용 시험을 준비하던 차였는데, 나는 생화학 분야에 계속 몸담아도 될지 불안했다. 내가 봐도 나는 생화학 분야에 딱히 열정이 없었기 때문이다. 전공 분야를 바꾼다는 건 이미 익숙해진 현재를 모두 버려야 한다는 의미다.

나는 내가 심리 상담학에 관심이 많다는 걸 알고 있었다. 그러나 정말로 심리 상담 쪽으로 진로를 바꿔야 한다고 생각하니 두려웠다. 진로를 바꾼 뒤에 '내 길이 아니다'라는 생각이 들면 어떻게 한단 말인가? 미지와 불확실성 앞에서 나는 몹시 두려웠고, 결국 사막 입구에서 몸을 돌려 익숙한 삶으로 돌아가는 걸 선택했다. 나는 같은 과 친구들이 대부분 그랬듯 생화학 연구소에 보낼 신청서를 준비했다.

알 수 없는 미래와 불확실성 때문에 두려움을 느껴 변화를 시도하지 않는 건, 정말 많은 사람이 경험하는 일이다. 누구나 사막 입구에 서면 비슷한 마음을 가지리라 생각한다. 이런 공포감은 굉장히 격렬하므로 대부분 익숙한 곳으로(그곳이 지하실일지라도) 돌아가는 걸 선택하기 마련이다.

나는 익숙한 생활로 돌아온 후에 '미지'와 대면하는 두려움에서는 벗어났지만 조금도 즐겁지 않았다. 매일 열정도 관심도 없는 실험실 업무에 짓눌려 꼼짝달싹 못하는 기분이었다.

미국에서 생리의학 박사 과정을 신청할 때 다시 한 번 사막 입구에 서는 경험을 했다. 입학 허가서를 받았는데도 기쁘지 않았다. 그때까지 내 감정은 끊임없이 정보를 전해 주고 있었다. 내가 무엇을 좋아하는지, 무엇에 관심이 있는지 말이다. 다만 내가 내 감정이 보내는 신호를 듣지 않았을 뿐이었다.

'두려움'이 내가 내 감정에 접촉하는 걸 막고 있었는지도 모른다. 감정이 보내는 신호에 귀를 기울이면, 그 감정을 정면으로 마주하고 변화를 시도해야 하기 때문이다.

결국 두 번째 사막 입구에서 나는 감정의 목소리를 경청했고, 두려움을 가득 안은 상태였지만 사막 안으로 들어가기로 마음먹었다. 미지의 세계로 말이다.

로라의 감정은 계속해서 '이 관계는 즐겁지 않다'고 말해 왔지만, 로라는 감정의 목소리를 제대로 들으려 하지 않았다. 감정이 전달하는 정보를 접한다는 건 변화해야 한다는 의미였고, 변화는 아마도 헤어짐일 터였다.

많은 이가 로라처럼 알 수 없는 미래와 변화에 뒤따라올 고통을 두려워하며, 사막 안으로 들어가지 않는다. 두려움이 커질수록 자신을 익숙한 생활 반경 내에 가둬 두려 한다. 그래서 두려움이라는 감옥에 갇힌 죄수 신세가 되는 것이다.

두려움이 생활 전반을 지배하고, 무엇을 해야 할지 혹은 무엇을 하지 않아야 할지 전부 결정하도록 내버려 둔다.

가장 좋은 선택을
내리고 싶다면

미지가 이토록 우리를 두렵게 하는 이유는, 이 다음에 무엇을 해야 하는지 마땅히 알아야 한다든가 인생이란 정해진 계획대로 흘러가야 한다는 생각 때문이다. 그래서 우리는 삶이란 본래 변화로 가득하며 마음대로 통제할 수 없다는 걸 잊고 만다.

우리 사회에서는 더욱 그렇다. 대학을 졸업할 때까지는 사다리를 오르는 것처럼 살아간다. 눈앞에 단 하나의 길만 존재하는 것처럼 계속해서 중학교 다음에는 고등학교, 고등학교 다음에는 대학교에 가야 한다고 믿는다. 미래는 전부 정해져 있고, 선택지는 많지 않다고 여긴다.

대학(혹은 대학원)을 졸업한 다음에는 사다리의 다음 칸이 갑자기 사라져 버린 것 같은 느낌을 받는다. 어디로 가야 할지 몰라 당황하고 막막한 기분이다. 마치 사막의 입구에 서서 들어가야 하나 말아야 하나 망설이는 것처럼 말이다.

알 수 없는 미래를 마주하는 일은 두렵다. 그러나 인생의 사막은 확실한 변화를 가져오는 중요한 계기가 된다. 사막에 들어가는 건 인생의 여정부터 일상의 모습, 타인과 관계 맺는 방식 등을 바꿀 수 있는 기회다.

앞서 감정의 폭풍우와 제대로 대면해야 한다고 말했던 것처럼,

사막에 들어가야 한다. 두려움이라는 감정과 어떻게 함께해야 하는지, 미지의 세계를 접하는 막막함 속에서도 내 감정이 전달하는 신호에 귀를 기울이려면 어떻게 해야 하는지 배워야 한다.

사막에서는 어디로 가야 할지 방향을 찾기가 쉽지 않아 막막해지는데, 감정이 바로 내비게이션 역할을 한다. 감정의 목소리를 잘 듣고 느끼면서 한 걸음씩 천천히 나아가다 보면, 상상조차 하지 못했던 새로운 세상을 만나게 될 것이다.

로라는 사막 입구에 서 있었다. 로라에게 필요한 건 자신의 감정을 느끼려고 하는 마음가짐이었다. 스스로 여러 가지 감정을 충분히 느낄 수 있다는 걸 알아야 했다. 마음의 소리를 들을 수 있어야 진정한 자기 결정이 가능하기 때문이다.

로라가 약혼자와 헤어졌는지, 결혼했는지 궁금할 것이다. 사실 나도 현재 로라가 어떤 결정을 했는지 알지 못한다.

로라와 같은 문제는 대학 상담 센터에서 일하며 흔히 접했던 상담 사례 중 하나이다. 대부분 한 학기가 끝나면 내담자는 더 이상 상담실에 찾아오지 않거나 졸업하곤 했다.

상담사는 내담자의 긴 인생에서 아주 잠시 만나는 사람일 뿐이다. 상담사의 임무는 그들이 올바른 결정을 내리도록 도와주는 게 아니라 그들 스스로 결정할 수 있다는 사실을 일깨워 주는 것이다.

로라가 결국 어떤 결정을 했을지는 모른다. 다만 로라가 자기감 정을 제대로 직시하고 미지에 대한 두려움을 받아들였다면, 어떤 쪽이든 자신에게 가장 좋은 결정을 내렸을 거라고 믿는다.

인생을 한 권의 책이라고 생각한다면, 결혼이든 헤어짐이든 '로라'라는 책에서는 한 장(章)의 결말에 지나지 않는다. 로라의 인생에는 아직 수많은 장이 남아 있다.

로라가 감정을 느끼는 방법을 배운다면, 감정이 인생의 방향을 잡아 주는 내비게이션이 될 것이다. 두려움이 아닌 로라 스스로 자신의 이야기를 써 내려갈 수 있을 것이다.

13

시간이 많이 흘렀는데
왜 아직 제자리일까?

/// **상처** ///

상처도 고통도 남과 비교할 수 없으며,
모든 느낌과 감정은 진짜다.
당신의 경험은 전부 진짜이고
당신의 느낌은 모두 중요하며,
이런 감정의 목소리에
늘 귀를 기울여야 한다.

2018년 9월 27일, 연구 발표회에 참석하기 위해 공항에서 비행기를 기다리고 있었다. 탑승구 쪽으로 가던 중에 사람들이 잔뜩 몰려 있는 상점 하나가 눈에 띄었다. 가까이 가 보니, 상점 안에 설치된 텔레비전이었다. 한 백인 남자가 결연히 외치고 있었다.

"난 지금까지 아무도 성추행한 적이 없습니다!"

당시 미국 연방대법원의 대법관 후보자였던 브렛 캐버노(Brett Kavanaugh)였다. 그날 그의 대법관 임명 인준을 위한 청문회가 있었다(그는 결국 대법관으로 임명되었다). 미국 캘리포니아주 팰로앨토 대학의 크리스틴 포드(Christine Ford) 교수는 청문회에서 브렛 캐버노가 열일곱 살 당시 열다섯 살이었던 자신을 성추행했다고 증언했다. 어느 파티에서 브렛 캐버노가 자신을 방 안에 밀어 넣은 뒤 침대에 억지로 눕혀 몸을 만졌으며 옷을 벗기려 했다는 것이었다. 크리스틴 포드가 비명을 지르자 브렛 캐버노는 그녀의 입을 막았고, 그 때문에 질식할 지경에 이르렀다고도 했다. 35년이 지나서야 크리스틴 포드는 열다섯 살 때 겪은 성추행과 트라우마를 털어놓을 수 있었다.

35년이 흘렀어도 마음의 상처는 여전했다. 크리스틴 포드는 성추행으로 인한 심리적 문제로 대학을 다니는 내내 학업에 집중하지 못했으며 불안과 트라우마에 시달렸다고 했다. 심지어 결혼 생활에도 나쁜 영향을 미쳤다고 했다. 그녀는 성추행 당한 기억을 억누르려고 몹시 애썼다. "한번 생각이 나면 마치 성추행을 고스란히 다시 경험"하는 듯했기 때문이다.

크리스틴 포드가 성추행 당한 사실을 공개적으로 밝힌 것에 나는 깊은 존경을 느낀다. 성폭력 경험은 스스로 거론하기가 몹시 힘든 일이며, 사람들 앞에 자신의 가장 약한 모습을 드러내는 일이다. 성폭력 피해자가 자신이 겪은 일을 직접 밝힌다는 건 사회와 대중 앞에 자신이 완전히 폭로되는 것과 같다. 또한 피해자는 사회적 여론을 통제할 수 없는 상황에 놓이기 십상이다. 내가 예상한 그대로, 청문회 이후 크리스틴 포드에 대한 비판과 공격이 난무했다.

내가 겪은 일이
세상에서 가장 아프다

"크리스틴 포드 교수 뉴스 보셨어요? 캐버노 같은 사람이 대법관으로 임명되다니 믿을 수가 없군요! 그런 인간이 어떻게 대법관으로 일한다는 거죠? 지난 2주 동안 뉴스를 볼 때마다 참을 수가 없었어요!"

앨런(Allen)이 상담을 시작하자마자 화를 냈다. 대학 4학년인 앨런은 2학년 때 성폭행을 당했다. 그녀는 크리스틴 포드 교수를 비판하는 여론과 브렛 캐버노가 대법관이 되었다는 사실에 분노했다. 이 사건이 성폭행 피해자인 그녀에게 "네가 겪은 일 따위는 아무것도 아니야!"라고 말하는 듯했다.

"이건 너무 불공평해요. 그 인간은 나쁜 짓을 하고도 벌을 받지 않을 뿐 아니라 대법관까지 되다니요? 저를 성폭행한 그놈도 지금은 편안하게 잘 살고 있어요. 저는 아직도 그 기억에서 벗어나지 못했는데요! 매일 불안하고 우울해요. 뭔지 몰라도 제가 잘못한 것 같고, 스스로가 형편없는 사람처럼 느껴진다고요."

앨런뿐 아니라 성폭행을 겪은 내담자들은 비슷한 괴로움을 호소한다. 사건 이후 가해자는 아무 일도 없었던 것처럼 예전과 다름없는 생활을 하는데, 피해자인 자신의 세계는 완전히 붕괴해서 절대로 예전으로 돌아가지 못한다는 것이다. 피해자들을 더욱 힘들게 하는 건, 사람들이 마치 성폭행 사건으로 가해자의 빛나는 미래가 망쳐졌다는 데 더 신경 쓰는 듯 보인다는 점이다.

상담 당시 스물한 살이었던 앨런은 열아홉 살 때 어느 파티에서 성폭행을 당했다. 파티에서 만난 남자가 폭력적인 방식으로 그녀를 대했고, 성관계를 강요했다. 앨런이 강하게 저항했기 때문에 강제로 성관계를 하는 데까지는 이어지지 않았다. 하지만 그때의 공포가 앨런의 몸에 낙인처럼 남았다. 그 후로 2년이 흐르는 동안 앨런은 대학 내에서 그 남자를 마주치곤 했다.

"그 남자를 볼 때마다 온몸이 떨렸어요. 그가 저를 깔아뭉갰던 그 순간으로 되돌아가는 기분이었죠."

일반 기억과 외상 기억(traumatic memory)은 다르다. 일반 기억은 '과거'에 머무른다. 예를 들면 어제 저녁 식사로 무엇을 먹었는지 떠올릴 때 대뇌는 그게 과거에 일어난 일이라는 걸 인지하고 있다. 그러나 외상 기억은 '과거'와 '현재'를 뒤섞어 버린다. 이성적 뇌는 심리적 상처를 남긴 일이 과거에 일어난 일이라는 걸 알고 있지만, 정서적 뇌는 그 기억을 지금 이 순간 일어난 일처럼 느끼기 때문이다. 그래서 사건이 벌어진 당시의 반응이 신체에 나타나고, 신체 감각이나 감정, 생각 등에 그때와 같은 상황이 반복된다.

앨런이 학교에서 자신에게 성폭력을 행사한 그 남자를 볼 때마다 온몸이 경련했던 것이나 크리스틴 포드가 청문회에서 "한번 생각이 나면 마치 성추행을 고스란히 다시 경험하는 듯했다"고 말한 게 바로 그래서다.

30여 년 전의 일이
어제 일처럼 생생해서

앨런은 자신이 참 못났다고 생각했다. '2년이나 지났는데 왜 그 일에 계속 영향을 받는 걸까? 나한테 뭔가 문제가 있는 걸까?' 그러다 크리스틴 포드의 뉴스를 접하고 앨런은 깜짝 놀랐다. '대학에서 교수로 재직하며 사회적으로 높은 성취를 이룬 여성이 30여 년 전의 심리적 상처에 지금까지 영향을 받고 있다니!'

미국의 정신과 의사 베셀 반 데어 콜크(Bessel van der Kolk)는 이런 실험을 했다. 심리적 상처를 가진 사람들이 과거의 사건을 진술한 내용을 녹음해 그들에게 들려주면서, 신체적 반응을 살펴봤다.

실험에 참가한 사람 중 한 여성은 13년 전 교통사고로 딸과 뱃속 아이를 잃었는데, 당시 사고 상황을 진술한 자신의 녹음을 들을 때 심장 박동이 빨라지고 대량의 스트레스 호르몬(코르티솔)을 분비했다. 그 외에도 전신이 경련했다. 뇌를 단층 촬영한 결과에서도 대뇌에서 언어 능력을 담당하는 브로카(Broca) 영역은 닫히고 편도체는 활성화되었다.

녹음을 들었을 때 '투쟁-도피-경직(Fight-Flight-Freeze)' 상태였다는 의미다. 즉 이 실험자의 신체는 심리적 상처를 남긴 사건의 순간으로 되돌아간 것이다.

아무리 시간이 많이 흐르더라도 심리적 상처를 제대로 다루지 않으면 언제든지 다시 문제를 일으킬 수 있다. 뇌는 익숙한 시각, 후각, 미각, 청각 등의 자극을 받으면 외상 기억을 떠올리고 그 사건이 지금 일어난 것처럼 착각을 일으킨다. 신체 역시 사건이 일어난 순간으로 돌아가는 반응을 보인다.

앨런이 그 남자를 볼 때마다 그녀의 정서적 뇌는 그 사건이 지금 일어난 것처럼 느낀다. 신체는 '투쟁-도피-경직' 상태로 들어간다. 앨런은 자신이 '과거로 돌아간' 상태가 되었다는 걸 알아차린 후 스스로 '현재로 돌아오는' 방법을 배워야 했다.

나는 앨런에게 자신이 '투쟁-도피-경직' 상태에 들어간 걸 인식하면 앉을 만한 곳을 찾아 심호흡을 하라고 권했다.

정확한 심호흡 방법은 복부를 이용한 호흡이다. 숨을 들이쉴 때는 복부가 팽창하고, 숨을 내쉴 때는 복부가 수축되어야 한다. 4초간 들이쉬고 8초간 내쉬면서 공기가 콧속을 들어갔다가 나오는 감각에 집중하는 게 중요하다. 심호흡하면서 땅을 꾹 누른다는 느낌으로 발에 힘을 준다. 마음속으로 스스로에게 말을 거는 것도 좋다. '나는 지금 안전해. 나는 지금 안전해.'

이런 방법을 통해 자신이 단단하게 '현재'에 발을 붙이고 서 있다는 걸 느끼면 과거의 상처를 처리할 능력이 생긴다.

내담자들이 자신의 몸과 마음을 안정적으로 유지하지 못하는 상태에서 상담사가 과거에 있었던 일을 말하라고 강요하면 안 된다. 내담자들을 외상 기억 속 사건으로 억지로 밀어 넣어 한 번 더 상처 입히는 일이다.

예민한 반응이 아니라 상처받은 마음의 소리였다

"저에게 벌어진 일이 강간이 아니니 괜찮다, 별것 아니다, 그렇게 생각할 때도 많아요. 내가 너무 예민하게 구는 것이고 이런 느낌을 받을 만한 일이 아니라고 말이에요. 어떻게 보면 저는 그 일이 저에게 일어났다는 걸 인정하지 못하는 것 같아요. 성폭행을 당한 거라고 인정해 버리면 그 일이 진짜가 되는 거잖아요? 그러면 저는 그 수치심이나 고통, 자책감 같은 걸 마주해야 하는 거예요. 그 일을 부정하면서 '사실은 대단치 않은 일이었다'고 나를 속이면 그런 감정과 마주할 필요가 없고요. 그러는 편이 좀 더 편하지 않을까요?"

나는 감정 변화 삼각형을 이용해 앨런에게 어떤 방어기제가 있는지, 어떤 핵심 감정이 있는지 인지하도록 했다. 몇 번의 시도 끝에 앨런은 마음속으로 '강간이 아니니 괜찮다, 별것 아니다'라고 되뇐 게 감정을 느끼지 않으려고 했던 방어기제라는 걸 알게 되었다.

법률적 정의에서 볼 때 앨런에게 일어난 일은 강간(Rape)이라고 할 수 없다. 크리스틴 포드에게 일어난 일도 그렇다. 다만 강간이든 아니든 성폭력 행위가 용인되지는 않는다.

성폭행(sexual assault)이라는 단어를 사용했는데, 이 단어는 성과 관련한 모든 침범 행위에 사용할 수 있다. 어떤 형태의 성폭행이든 심각한 심리적 외상을 남길 수 있다.

앨런과 크리스틴 포드가 느낀 감각은 전부 진짜다. 그들의 모든 감정은 제대로 마주하고 느껴야 하는 것이며, 옳고 그름을 평가해서는 안 된다.

크리스틴 포드는 당시 성폭행을 신고하지 않은 이유로 실제로 강간을 당한 게 아니기 때문이라고 밝혔다. 성적 침범 행위와 관련한 상담을 하다 보면 내담자들에게서 비슷한 이야기를 많이 듣는다.

"저에게 일어난 일은 그렇게까지 심각하지 않아요. 제가 이렇게 힘들어할 이유가 없어요."

심지어 어떤 내담자는 이렇게 말하기도 했다.

"제 친구는 진짜 강간을 당했어요. 그에 비하면 저는 그냥 성추행 정도니까 용기를 내서 제가 겪은 일을 밝히려고 했어요. 그런데 생각해 보니 부끄럽더군요. 그러니까… 저는 강간을 당한 게 아니잖아요. 제 이야기는 별로 중요하지 않은 것 같았어요."

그렇지 않다. 상처도 고통도 남과 비교할 수 없으며, 모든 느낌과 감정은 진짜다. **당신의 경험은 전부 진짜이고, 당신의 느낌은 모두 중요하며, 감정의 목소리에 늘 귀를 기울여야 한다.**

또한 당신이 이러한 경험으로 심리적 상처를 받았거나 삶에 나쁜 영향이 있었다는 사실을 인지했다면, 반드시 심리 치료 전문가를 찾아가 도움을 받아야 한다. 심리적 외상을 제대로 처리해야 하는 것이다.

35년이 지나서야 크리스틴 포드는 그럴 준비가 되었다. 쉰 살이 되고 나서야 상처받고 공포에 질린 그날의 열다섯 살 소녀를 안아 다독여 줄 수 있었다.

이와 같이 당신이 원하기만 하면, 당신에게도 내면에 숨어 있는 상처받은 아이를 돌봐 줄 능력이 있다.

14

사람들 앞에서
발가벗은 듯한 부끄러움

/// **수치심** ///

종종 감정은 양파처럼 여러 겹으로 형성된다.
어떤 감정은 겉모양과 안의 모양이 다를 수 있다.
감정이라는 양파를 한 층 한 층 벗겨 내면
불안, 분노, 공포가 천천히 모습을 드러내는데,
공포 아래에서 수치심과 마주치곤 한다.

"저는 요즘 스트레스가 심합니다. 일을 해도 해도 끝이 나지 않는데, 몇 주 동안 주말마다 친구들 모임에 가야 했어요. 그게 너무 불안해요."

서른일곱 살인 제시(Jessie)는 상담실에 들어와서 소파에 앉자마자 숨을 크게 들이쉬었다.

"불안감을 느낄 때는 그 아래에 여러 가지 핵심 감정이 당신의 관심을 기다리며 숨어 있기 마련이에요. 불안감 아래에 어떤 감정들이 존재하는지 느껴 보겠다는 의지가 있으신가요?"

나는 제시에게 눈을 감고 심호흡을 하면서 불안감과 함께하는 감각을 느껴 보라고 주문했다.

잠시 후, 제시는 가슴에 손을 얹으며 말했다.

"가슴께에서 분노가 느껴지는군요. 직장 상사에게 화가 나요. 그 여자는 우리에게 불합리한 일을 너무 많이 시켜요."

불안감과 함께 충분히 시간을 보낸 제시는 불안감 아래 숨은 분노를 발견했다. 자기감정을 제대로 파악하지 못했던 제시가 감정의 진짜 모습을 알아차리고 또 그 감정과 접촉했다는 건 고무적인 일이었다.

경험상 내담자가 자기감정을 알아차리는 연습을 계속할수록 감정을 잘 느끼게 되곤 했다.

"이번에는 화가 난다는 감정과 함께 시간을 보내기로 합시다."

제시에게 다시 눈을 감고 분노 외에 어떤 감정이 느껴지는지 살펴보라고 주문했다. 잠시 후 제시는 눈물을 흘렸다.

"당신의 신체에 어떤 느낌이 있나요? 어떤 걸 알아차렸죠?"

제시가 눈을 떴다.

"공포감을 느꼈어요. 이번 주말에 친구와 함께 자동차 여행을 가기로 했거든요. 그런데 여행 일정을 전부 친구가 짰기 때문에 저는 어디로 가는지, 어떤 식당에 들르는지 전혀 몰라요. 그게 무척 무서워요."

"그렇다면 당신은 마음 한구석에서 '미지의 무언가'와 '내가 통제할 수 없는 일'에 두려움을 느끼는군요."

"맞아요! 저는 어떤 길로 갈지, 가서 뭘 할지 알아야 해요. 해 본 일이거나 가 본 적 있는 곳이라면 이렇게 무섭지 않을 거예요."

"그럼 이번에는 '미지의 무언가'라는 부분에 집중해 볼까요? 당신의 신체 어느 곳에서 '미지의 무언가'를 두려워하는 느낌이 있나요? 어떤 모양이나 색깔로 표현할 수 있을까요?"

"주황색이요. 경보기처럼 깜빡거려요."

제시의 마음속에는 주황색 경보기가 있다. 그녀가 알지 못하는, 통제할 수 없는 무언가를 마주칠 때마다 깜빡이며 경고 신호를 보낸다. 나는 제시가 그 경보기를 좀 더 잘 이해하도록 돕고 싶었다.

"그 경보기가 말을 할 수 있다면, 당신에게 어떤 말을 할까요?"

"경보기는… '다음에 어떤 일을 할지 모두 파악하고 있어야 한다. 해 본 적 없는 일과 마주치면 너는 그 일을 제대로 해내지 못할 것이다. 그러면 사람들이 네가 바보 멍청이에 엉망진창인 인간이라는 걸 깨닫게 될 거다'라고 말할 거예요."

"그 말을 들으니 또 다른 당신의 일부는 아주 무거운 수치심을 짊어지고 있는 것 같군요. 그 수치심은 당신이 잘 해내지 못했을 때 혹은 타인이 당신의 부족함을 알게 되었을 때 사람들이 당신을 좋아하지 않을 거라고 여기는 거고요."

제시가 고개를 끄덕이더니 눈물을 흘렸다.

"저에게 우울증이나 불안증 같은 문제가 있다는 걸 사람들이 알면 절 만나 주지도 않겠죠?"

감정은 양파처럼 여러 겹이다. 제시가 불안감과 함께하는 시간을 충분히 가지자 불안은 사라지고 분노가 드러났다. 분노와 함께하는 시간을 충분히 가진 뒤에야 숨어 있던 공포가 나타났다.

어떤 감정은 바깥의 모습과 안쪽의 모습이 다르다. 이는 성장 과정과 관련이 있다. 예를 들어 남성은 화를 내는 게 사회적으로 용납되는 편이다. 그래서 슬픔을 분노로 포장하는 경우가 많다. 반면 여성은 어려서부터 온화해야 한다, 화를 내면 안 된다고 교육받는다. 그래서 슬픔을 분노가 아닌 다른 감정으로 포장한다.

제시가 자기감정을 한 겹 한 겹 벗겨 내자 불안, 분노, 공포가 차례로 나타났다. 그리고 공포 아래에서 수치심을 보았다.

누구나 느끼지만
쉽게 꺼내지 못하는 감정

수치심(shame)은 무엇일까? 수치심을 전문적으로 연구한 브레네 브라운 교수는 '수치심은…(Shame is…)'이라는 문장을 완성하는 심리 실험을 진행했다. 연구 참가자들의 답변은 다음과 같다.

- 수치심은 내가 해고되고 그 사실을 임신 중인 아내에게 말하는 것이다.
- 수치심은 내 남편과 친구가 바람을 피우는 것이다.
- 수치심은 내가 불임인 것이다.
- 수치심은 내 아내가 나에게 이혼을 요구한 것이다.
- 수치심은 내가 알코올 중독인 것이다.
- 수치심은 내가 직장에서 승진하지 못하는 것이다.
- 수치심은 나의 학력이 좋지 않은 것, 학교를 중간에 그만둔 것이다.
- 수치심은 내가 과거에 아버지에게 성폭행당한 것이다.
- 수치심은 나에게 우울증이 있다는 것이다.
- 수치심은 내가 뚱뚱하고 못생겼다는 것이다.
- 수치심은 가족들은 다 석박사 학위가 있는데 나만 그렇지 못한 것이다.
- 수치심은 공공장소에서 자식을 향해 크게 소리를 지르는 것이다.

수치심은 누구나 느끼는 감정이며, 다들 언급하기를 꺼리거나 아예 생각하고 싶지 않아 하는 감정이다.

브레네 브라운 교수는 수치심이란 "내가 충분히 훌륭하고 완벽하지 못할까 봐 혹은 타인이 나에게 거는 기대를 충족시키지 못할까 봐 두려워하는 것이며, 이런 이유로 인정받지 못하거나 사랑받지 못하리라고 여기는 일이다"라고 표현했다.

사람들은 유대 관계와 소속감을 필요로 한다. 인간의 생존에 있어서 매우 중요한 요구 조건이다. 때문에 유대 관계에서 거절당하면 몹시 고통스럽다.

수치심은 고통스러운 감정이며, 거절당할 때 신체에서 일어나는 반응이기도 하다. 어떤 사람은 수치심을 느끼는 순간을 "내가 조그맣게 줄어들어 어딘가로 숨어 버렸으면 좋겠다", "너무 부끄러워서 굴을 파고 들어가고 싶다"고 표현한다. "발가벗은 채 사람들 앞에 서 있는 것" 같다고도 말한다.

다음 문장을 완성해 보자.

"다들 _____를 알게 되면 나는 사람들을 볼 낯이 없다."

이 문장의 빈칸에 당신이 적은 내용이 바로 수치심의 원인이다. 사람들은 수치심(shame)과 죄악감(guilt)을 동일시하곤 하는데, 이 두 가지 감정은 큰 차이가 있다. 죄악감은 '행동'에 대한 감정이고, 수치심은 '가치'에 대한 감정이다.

어린아이가 잘못을 저질렀을 때 죄악감을 느끼는 아이는 "내가 잘못된 일을 했어요"라고 말한다. 수치심을 느끼는 아이는 "나는 나쁜 사람이에요"라고 말한다.

제시는 자신의 수치심을 더럽고 역겨우며 기름때가 낀 검은 물체라고 묘사했다. 수치심이 목소리를 낼 수 있다면 제시에게 "너는 넝

원히 모자란 사람일 거야, 너는 가치가 없어, 너는 뚱뚱하고 못생겼어, 너는 보잘것없는 존재이고 엉망진창이야, 아무도 너를 좋아하지 않아"라는 말을 할 거라고 생각했다.

수치심이란 정말 고통스러운 감정이기 때문에 제시는 수치심을 감추려고 애썼다. 그래서 남들 눈에 띄지 않아야 한다고 생각했다. 실수를 하지 않으려 노력했으며, 누군가에게 잘못을 저지르지 않는지 항상 분석하려 했다.

거절당한 상처가
깊어지면 수치심이 된다

태어나면서 수치심을 가지고 있는 게 아니다. 후천적으로 학습한 것이다. 성장 과정에서 끊임없이 거절당하고 상처받은 경험으로 '진정한 내 모습은 받아들여지지 않는다, 나는 엉망진창이다'라는 깊은 수치심의 감정이 내면화된다.

제시는 정서적 학대가 심한 가정에서 자랐다. 제시의 기억 속에서 부모님은 매일 비난하고 모욕했다. "넌 왜 이렇게 멍청하니?", "넌 정말 못생겼어.", "너 진짜 뚱뚱하다.", "이런 것도 못해?", "넌 쓸모가 없어, 너 때문에 내가 다 부끄럽다." 꼬마 제시는 부모님이 자신에게 정서적 학대를 행하는 걸 이해할 수 없었고, '나는 엉망진창인 존재'라고 느꼈다.

일상생활 속에서 장기적으로 누적된 경험은 제시에게 강한 수치감을 안겼고, 그녀 스스로 "더럽고 역겨운 시커먼 물체"라고 표현했던 수치심이 계속해서 "넌 아무런 가치도 없다" 같은 말을 속삭이게 된 것이다.

나는 대만 사람들의 어깨에도 수치심이라는 짐이 무겁게 얹혀 있는 걸 보곤 했다. 그들의 어린 시절은 말하고 있었다.

"부모님의 기대에 부응하지 못하면 인정받지 못하고 사랑받지 못하게 된다."

부모님의 기대에는 좋은 학업 성적, 높은 학력, 훌륭한 사회적 성취 등이 포함된다.

물론 부모님들이 자녀에게 직접적으로 "내 사랑은 조건부다"라고 말하지는 않는다. 그러나 매일 함께 생활하는 동안 그런 정보가 확실히 전달된다. 시험 성적이 좋으면 기뻐하고, 시험을 못 보면 화를 낸다. 평소 부모와 자식이 나누는 대화가 대부분 "공부 열심히 해라" 혹은 "왜 성적이 떨어졌니?", "누구누구네 아들은 공부 잘한다는데 너는 왜 그러니?"라면 더욱 그럴 수밖에 없다.

부모가 자식의 모든 면을 다 사랑하지 못할 때, 아이의 여러 가지 모습 중 하나만 사랑할 때, 그건 조건부의 사랑이다. 부모의 사랑이 조건에 따라 달라지는 경우, 아이가 느끼기에 '받아들여지지 않은 부분'이 수치심을 형성한다.

제시는 어린 시절 부모님에게 제대로 받아들여진 적이 없다. 그래서 그녀는 스스로를 혐오했다. 자신이 더럽고 역겨운 시커먼 물체라고 여겼다.

나는 제시가 수치심이라는 시커먼 물체에 가까이 다가가도록 조언했다. 하지만 수치심 쪽으로 가까워질수록 제시는 다른 방어기제를 사용해 그 감정을 느끼지 않으려 했다.

많은 사람이 마음속 수치심을 정면으로 마주하지 않기 위해 완벽주의, 자만심, 자기연민, 타인에 대한 멸시 등 여러 방어기제를 사용하며, 그런 행동으로 타인에게 심리적 상처를 남긴다.

믿을 수 있는 사람들에게
도움을 요청하라

마침내 제시가 '시커먼 물체' 바로 앞에 도착했을 때, 그녀는 더럽고 역겹다고 여겼던 그 물체가 사실은 네 살짜리 어린 여자아이라는 걸 알아차렸다. 네 살배기 제시는 부모에게서 받은 경멸과 모욕으로 가득 찬 짐을 등에 지고 있었다.

서른일곱 살 제시의 내면에 숨어 있는 여자아이는 네 살에서 더 자라지 못했다. 계속해서 네 살 꼬마의 인지 능력으로 언제 어디서 모욕과 학대를 받을지 모른다는 공포를 느끼며 살고 있는 것이다. 제시의 내면에 남아 있는 여자아이는 매일 속삭였다.

"너는 역겨워. 아무도 너를 사랑하지 않아."

내면의 여자아이가 느낄 고통을 회피하기 위해 제시가 마음속에서 본 '주황색 경보기'는 매일 삐- 삐- 소리를 냈다. '잘못을 저지르면 안 된다.', '내 의견을 내세우면 안 된다.', '내 모습을 가능한 감춰야 한다.', '남들에게 진짜 내가 어떤 사람인지 들키면 안 된다.'

제시가 내면에서 네 살짜리 여자아이를 발견한 뒤로, 우리 상담의 목표는 서른일곱 살 현재의 제시를 도와 공포 속에서 살아가는 네 살배기 여자아이를 아껴 주고 보살펴 주는 게 되었다. 꼬마 제시에게 사랑받고 인정받는 경험을 선사하는 과정이었다. 제시가 어린 시절 느껴 보지 못한 경험이었다.

수치심은 누구에게나 있지만 아무도 언급하려 하지 않는 감정이다. 침묵은 수치심을 더 크고 깊게 키우는 배양기와 같다.

고개를 돌리고 언급하지 않을수록 수치심은 거대해진다. 수치심은 멈추지 않고 계속 말할 것이다.

"너는 결점도 많고, 가치도 없어. 그렇기 때문에 사랑받지 못해."

수치심이 커지면 커질수록 남들에게 들키지 않으려고 더 꼭꼭 숨기게 될 것이다.

수치심은 대부분 어린 시절의 상처에서 비롯된다. 어린아이는 주변의 어른들에게서 부당한 대우를 받으면 '내가 잘못했기 때문'이라고 생각한다. 또 수치심은 '거절당한 경험'에서 생겨난다.

수치심이 더 커지지 않게 하려면 공감과 이해가 필요하다. 수치심이라는 감정을 언급했을 때 타인에게 온전히 이해받는다면 수치심은 조금씩 사그라들어 결국 사라지게 될 것이다.

가족, 친구, 심리 상담사도 좋으니 수치심과 마주할 수 있도록 도와줄 사람을 찾아보자. 인간은 다른 인간을 필요로 한다. 고독하게 혼자서 심리적 치유를 해낼 수 있는 사람은 없다. 믿을 수 있는 타인과 나누는 유대 관계에서만 치유가 가능하다.

15

'혹시 나 때문에?'라는
지나친 생각

/// **죄책감** ///

자신이 잘못을 했거나 타인에게 상처를 줬을 때,
죄책감 덕분에 잘못을 뉘우치고 사과할 수 있다.
그런데 많은 경우에
타인이 부정적 감정을 가지면,
아무런 잘못도 하지 않았는데도
죄책감과 죄악감을 느낀다..

심리 상담사로 일하면 다양한 연령대의 내담자를 만난다. 그중에서 특별히 관심을 가지는 집단이 바로 대학생이다.

대학 시절은 인생에서 중요한 전환기다. 고등학교를 졸업하고 가족과 함께 살던 고향을 떠나 낯선 환경에서 공부하기 때문이다. 또한 대학을 다니는 동안 많은 이가 적성과 재능을 탐색하고, 나아가 태어나고 자란 원가족의 영향력에서도 벗어난다.

내가 상담했던 대학생들은 대개 '자기 자신과 부모 사이에 정서적 경계선을 형성한다'라는 중대한 도전 과제를 수행하는 중이었다. 자신이 느끼는 감정이 진정으로 자신의 것인지, 부모의 감정인지를 파악하고 구분하는 과제였다.

자기감정이 무엇인지
파악하지 못했던 베티

이제 막 스무 살이 된 베티(Betty)는 부모님에게 어떤 감정도 제대로 용납되지 못한 것처럼 보였다. 어린 베티가 부정적 감정을 드러내면 부모님은 항상 야단치거나 훈계했다. 베티의 감정을 중요하게 생각해 주지 않았다. "이게 뭐라고 우니?", "무서워하면 안 돼!", "사소한 일에 화내지 마라!"

어린 시절 베티는 자신이 느끼는 게 어떤 감정인지 구분하고 배울 만한 기회가 거의 없었다. 이처럼 자기감정을 가지는 경험을 해보지 못하면, 자기감정과 타인의 감정을 분리하는 데 곤란을 겪는다. 베티가 스무 살이 되었는데도 부모님은 어릴 때와 똑같은 방식으로 딸을 대했다. 그래서 문제가 생겼다.

베티는 심리 상담을 통해 어떤 감정인지 알아차리고 표현하는 법을 익혔다. 그러나 배운 대로 부모님 앞에서 자기감정을 드러냈을 때, 부모님은 베티의 감정에 제대로 반응하지 못했다. 그럴 능력이 없었던 것이다.

"지난 금요일에는 스트레스가 심했어요. 강의 중에 조교가 저에게 불공정한 태도를 취했거든요. 아버지에게 전화를 걸어 그 일을 얘기했는데, 아버지는 도리어 저한테 화를 내시더라고요. 제가 바보 같이 굴었다고 하셨고, 그런 얘기를 전해서 당신 기분을 나쁘게 만들었다며 야단을 치셨죠. 전부 제가 잘못한 거라면서요!"

"어머니와 통화하다가 어릴 때 어머니가 저를 모욕했던 말 때문에 상처받았다는 이야기가 나왔어요. 어머니는 왜 이제 와서 옛날 일을 꺼내느냐면서 화를 내셨어요. 제가 어머니를 힘들게 한다며, 그건 제 잘못이라고 했죠."

베티의 부모님은 화가 나는 것도 마음이 힘든 것도 신부 베티 닛이고 베티의 책임이라고 했다. 부모님이 부정적 감정을 느끼면 베티는 그 사실에 죄책감을 가졌고, 그 상황이 전부 자기 잘못이라고 여겼다. 그러나 내가 보기에는 베티의 감정과 부모님의 감정이 한데 뒤섞여 경계선이 없는 게 문제였다.

이건 내 감정이고, 그건 네 감정이다

심리 상담을 하다 보면 이런 상황이 비일비재하다. 대부분의 내담자는 상담을 통해 자아의 성장을 경험한다. 그러나 상담실을 벗어나 원가족(부모나 형제 등)이나 배우자가 있는 집으로 돌아가면 또다시 벽에 부딪히고 좌절을 겪는다.

베티도 그랬다. 상담 중에는 자기감정을 받아들이고 이해할 수 있었다. 그래서 부모님과 소통하는 방식을 바꿔 보려고 시도했다. 베티가 자신이 얼마나 상처받았는지를 표현하는 행동이 아마도 부모님의 내면 깊숙이 숨겨져 있는 감정을 건드렸을 것이다.

베티의 부모님은 자신의 감정과 마주하는 걸 피하고자 방어기제를 사용했다. 베티를 향해 "너 때문에 지금 내가 이렇게 힘들다"고 질책하는 게 부모님의 방어기제다.

타인을 원망하는 건 흔히 볼 수 있는 방어기제다. 일상생활 속에서 많이 겪어 봤을 것이다. 자신의 핵심 감정과 마주하는 것에 비하면 남을 원망하고 질책하는 게 훨씬 쉽다.

타인을 원망하는 것과 비슷하게 자주 나타나는 방어기제로는, 전혀 관계없는 사람에게 감정을 쏟아 내는 것이 있다. 예를 들면, 회사에서 상사에게 부당한 취급을 당하고 퇴근한 날에 배우자나 자식에게 짜증을 부리거나 화를 내는 행동이 이에 해당한다. 상사에게는 대놓고 화를 낼 수 없지만 가까운 관계인 가족에게 화풀이하는 건 쉽기 때문이다.

자기감정을 남 탓으로 돌리는 건 확실히 쉽고 편한 처리 방법이다. 그렇게 하면 내면 깊숙한 곳에 숨어 있는 핵심 감정과 대면하지 않아도 된다. 하지만 감정의 주도권이 타인에게 넘어간다. 내 감정인데 내가 아무런 통제권도 선택권도 없는 상태가 되는 것이다. **감정의 주도권을 잃으면 자기감정과 제대로 마주할 기회도 잃는다.**

자신의 감정에 대한 주도권을 되찾으려면 '감정의 경계선'을 명확히 하는 것부터 시작해야 한다. 어느 것이 내 감정이고 어느 것이 네 감정인지 분명해야 한다.

나와 타인 사이에 감정의 경계선을 그었다면, 그다음에는 '나는 내 감정을 가지며 그 감정에 책임을 진다'는 사실을 확실히 인식해야 한다. 마찬가지로 타인의 감정에 대해서도 '너는 네 감정을 가지며 네가 그 감정에 책임을 진다'는 것도 제대로 이해해야 한다.

베티는 자기감정과 부모님의 감정 사이에 경계선을 제대로 긋지 못했다. 부모님이 기분 나빠 하면, 자기 잘못이라고 여겼다. 나는 상담하면서 베티가 감정의 경계선을 명확히 하도록 이끌었다.

베티에게는 자신의 감정이, 부모님에게는 그들의 감정이 있다. 베티가 자기감정에 책임지듯, 부모님도 자기감정에 책임져야 한다.

타인에게 '당신의 감정은 당신 책임'이라고 선을 긋는 게 결코 쉽지 않다. 내담자들이 이런 상황에서 제일 많이 보이는 반응은 "그렇게 하면 죄책감을 느낀다"는 것이다.

자신의 감정과 필요에
민감하게 반응하라

죄책감은 아주 중요하고 또 필요한 감정이다. 잘못을 했거나 타인에게 상처를 주면 마음속에서 죄책감이 이렇게 속삭일 것이다.

"나는 정말 나쁜 짓을 했어."

죄책감 덕분에 잘못을 뉘우치고 사과를 하거나 자신의 잘못 때문에 일어난 피해를 보상하는 등의 행동을 한다.

그런데 타인이 부정적 감정을 가지면 죄책감과 죄악감을 느낀다. 아무 잘못도 하지 않았는데 말이다. 죄책감이라는 감정을 어떻게 마주해야 하는지 나 역시 계속해서 배우는 중이다.

심리 상담사에게 있어 자기 내면의 심리를 돌보고 관리하는 일은 정말이지 중요하다. 자기 내면의 심리를 제대로 관리하지 못하면 내담자에게 또 다른 상처를 줄 수도 있기 때문이다.

나는 박사 과정을 밟는 동안 심리 상담사로서의 업무와 학교 강의, 개인 연구, 논문 작성 등의 여러 가지 일을 동시에 처리해야 했다. 당시 나의 내면 심리는 항상 '업무 모드'와 '휴식 모드' 사이에서 갈팡질팡했다.

학교 수업의 커리큘럼이든 인터넷에서 쉽게 찾을 수 있는 글이든 심리 건강을 위한 관리의 첫 단계는 '거절'이라고 말한다. 거절하지 못하면 부담이 점점 늘어나 견디지 못하는 수준에 이르게 된다. 그런데 나는 타인의 부탁을 거절하는 게 너무도 어려웠다.

"상담을 좀 더 맡을 수 있겠어요?", "이번 연구 프로젝트에 들어오고 싶지 않나?", "학술지에 기고할 논문을 같이 쓰지 않을래?" 교수나 동료가 일을 더 해 보지 않겠냐고 제안하면 나는 망설이지 않고 수락했다. 그러나 수락한 뒤 얼마 지나지 않아 후회하기 시작했다. 그리고 너무 힘들다며 원망하는 마음이 뒤따랐다.

왜 타인의 부탁을 거절하기 힘들까? 나는 시간을 충분히 들여 내 마음이 어떻게 반응하는지 살펴봤다. '나에게 필요한 일'을 1순위로 둘 때 나는 죄책감을 느꼈다. 내 기분을 중요하게 여기면 나쁜 사람이 되는 것 같았다.

물론 타인을 배려하고, 관심도 표현할 줄 알아야 한다. 하지만 '타인에게 필요한 일'만 신경 쓰고 내 감정과 필요를 소홀히 하면 마음속에 원망이 쌓인다. 결국 자신의 심리 건강에도 나쁜 영향을 미칠 뿐 아니라 가족, 배우자, 동료 등과의 인간관계에도 문제가 일어난다.

죄책감이라는 감정이 "내가 잘못했어"라고 속삭인다면, 우선 '정말로 내가 잘못한 건가?'를 검토해 보자. 스스로를 위해서 해야 하는 일을 했을 뿐인데도 죄책감을 느낀다면, 죄책감의 정보가 어디에서 오는지 살펴보자.

많은 경우 죄책감의 정보는 원가족, 학교, 사회 등에서 주입한 가치관에서 비롯된다. 아마도 어린 시절 경험한 일들이 '나에게 필요한 일은 중요하지 않다' 혹은 '타인의 요구를 만족시켜야 사랑받는다', '나를 위한 일이 중요하다고 여기는 건 이기적인 생각이다' 같은 생각을 가지게 했을 것이다.

죄책감 아래에는 어떤 감정이 숨어 있을까? 내가 스스로의 죄책감을 인지하고 나서 발견한 숨은 감정은 수치심이었다.

수치심이 나에게 속삭였다.

"내가 착하고 훌륭하지 않으면 남들이 나를 좋아하지 않을 거야."

그래서 나는 타인의 요구를 거절하지 못했던 것이다.

그들이 원하는 걸 해 주지 않으면 나에게 실망할 거라고 생각했다. 내 마음속의 일부분은 타인이 나에게 실망하는 일은 곧 내가 나쁘기 때문이라고 여긴 것이다. 죄책감 아래 숨은 수치심이야말로 내가 해결해야 할 진짜 문제였다.

타인에게 책임을 떠넘기지 마라

지난 몇 년간 대만에서는 '감정 약탈'이라는 말이 유행했다. 감정을 약탈하는 사람은 "너 때문에 내가 이런 감정을 가지게 되었다"라고 말한다. 그러면 감정을 약탈당하는 쪽은 죄책감이나 죄악감을 느끼고, 약탈자의 요구를 들어 줘야 한다는 생각에 사로잡힌다. 상대방의 즐겁지 못한 감정 상태가 내 잘못처럼 느껴지는 것, 감정의 경계선이 없는 상황의 전형적인 사례다.

누구나 자기감정은 스스로 책임져야 한다. 당신이 자신의 감정을 감당하듯 상대방 역시 그 자신의 감정을 스스로 감당해야 한다는 걸 잊지 말자.

자신의 심신 건강을 위해 타인의 요청을 거절했다면, 그가 느끼는 실망이나 서운함을 받아들여야 한다. 그에게는 자신만의 감정이 있을 수밖에 없다. 그가 느낄 실망이 나를 불편하게 한다고 해서 그에게 '실망이라는 감정을 느끼지 말'고 요구할 수 없고, 그를 책망해서도 안 된다. 나는 내 불편함을 책임지고, 그는 그의 실망을 책임지면 된다. 그가 느끼는 실망이나 서운함을 내가 감당해야 한다든지, 또는 그런 감정을 느끼지 않도록 보살펴 주겠다는 생각은 버려야 한다.

사람과 사람 사이에서 감정의 경계선이 명확하려면 '이 감정은 누가 감당해야 할 몫인가?'를 따져 보면 된다. 누구나 여러 가지 감정을 가질 권리가 있다. 어떠한 감정에도 옳고 그름은 없다. 다만 자신의 감정은 스스로 감당해야 하며, 자기감정의 책임을 타인에게 전가해서는 안 된다.

16

화가 나지만
그럼에도 기쁠 수 있다

/// **희로애락** ///

기쁨, 슬픔, 분노는 동시에 존재할 수 있다.
각각의 감정이 똑같이 중요하다.
기쁨은 부정적 감정을 없애야 생기는 게 아니라,
무슨 감정이든 충분히 느끼고
모든 감정이 존재할 공간을 주면서
이 세상 그리고 타인과 유대 관계를 형성할 때 생긴다.

"이번 주말 졸업식에 갑니다…. 제가 대학을 졸업해요."

닉(Nick)은 상담실 소파에 앉자마자 이렇게 말했다. 그의 눈에 눈물이 고여 있었다.

그가 졸업한다는 말을 듣자 내 가슴이 따뜻해지는 듯했다. 심리 상담 일을 하다 보면(특히 심리 외상 치료) 이 세상에 가슴 아픈 사연이 얼마나 많은지 깨닫게 된다. 또한 내면의 심리적 회복력이 얼마나 강력한지도 알게 된다.

대학 졸업이 누군가에게는 별것 아닐지 모르지만 닉에게는 정말 대단한 사건이다. 지난 2년간 닉은 심각한 우울증을 앓았다. 하루 종일 침대에 누워 시간을 보냈다. 당연히 강의에 계속 빠졌고 성적은 떨어졌다. 여러 과목에서 유급 처리를 받는 바람에 졸업 기준을 채우지 못해 대학을 1년 더 다녀야 했다.

그 시기의 닉은 누군가에겐 아주 쉽고 간단한 일들도 하지 못했다. 예를 들면 옷을 챙겨 입고 집 밖으로 나가는 일 같은 것 말이다. 4개월 전, 닉은 최대한의 용기를 쥐어짜서 대학 내 상담 센터에 도움을 청했다. 항우울제를 처방받아 복용했고, 2개월 전에는 내가 일하는 곳에 와서 심리 상담을 시작했다.

"지금 당신의 신체에 느껴지는 감정을 천천히 살펴보겠어요?"

나는 닉에게 눈을 감고 감정을 느껴 보라고 주문했다.

"기쁘고 자랑스러워요. 제 자신이 정말 자랑스럽고, 가슴속에 따뜻한 기운이 맴도는 것 같아요. 졸업식에는 부모님과 조부모님까지 다 오시기로 했어요. 그분들께 사랑과 인정을 받는다고 느껴요."

"그 기쁨과 자랑스러움을 곁에 두고 충분히 시간을 보내 봅시다."

기쁨 역시 핵심 감정 중의 하나다. 부정적 감정에만 주의를 기울이고 기쁨을 제대로 느끼려 하지 않는 경우가 많다.

닉은 다시 눈을 감았다가 몇 초도 안 되어 눈을 번쩍 떴다. 그의 눈빛에 공포가 가득했다.

"대학 졸업이 뭐 그리 대단한 일이겠어요. 심지어 저는 1년이나 늦게 졸업하는 걸요. 졸업 성적도 좋지 않아요. 제 친구들은 모두 작년에 졸업했고, 지금은 직업도 애인도 생겼어요. 작년에 졸업하지 못한 사람은 저뿐이죠. 인스타그램에 친구들이 행복해 보이는 사진을 올릴 때마다 저는 '루저(실패자)'가 된 기분이에요. 제가 이렇게나 쓸모없는 인간이라니, 정말 화가 나요."

기쁨은 아주 잠깐 등장했다가 곧 슬픔, 수치심, 분노에 가려졌다.

가족들의 우월함 때문에
괴로웠던 닉

닉의 반응은 조금도 놀랍지 않았다. 많은 이가 기쁜 일이 생겨도 제대로 기뻐할 줄 모른다.

"이렇게 사소한 일에 기뻐할 가치가 있는 걸까?"

혹은 기쁨을 느끼다가도 금세 공포로 바뀐다.

"이러다가 또 나쁜 일이 생기겠지!"

이런 느낌을 받은 적이 있는지 돌이켜 보자. 삶이 모든 면에서 완벽하게 좋다고 느낀 순간, 곧이어 좋지 않은 일이 생길 것 같은 두려움에 압도되기 시작한다. 기쁘고 흥분되는 순간, 갑자기 불편해진다. 지금의 긍정적인 예측과 달리 마지막에 실망스럽거나 남들 보기에 부끄러운 결과가 나올까 봐 무섭기 때문이다.

그래서 기쁜 일이 있어도 충분히 누리지 못하는 때가 많다. 기쁨에 푹 빠져 그 감정을 느끼는 걸 두려워하는 것이다. 어쩐지 나쁜 일이 벌어져 기쁜 감정이 싹 사라질 것 같기 때문이다.

닉은 기쁨을 느끼는 게 낯설었다. 닉의 성장 환경 때문이었다. 그는 겉보기에 완벽한 가정에서 자랐다. 부모님 두 분 모두 고학력에 다들 부러워하는 좋은 직업을 가졌다. 덕분에 닉은 어려서부터 해외여행을 다니는 등 물질적으로 풍족하게 지냈다.

또한 그에게는 완벽한 형이 있다. 지금은 박사 과정을 밟는 중인데, 어릴 때부터 친척들은 닉에게 "형이 정말 뛰어난 사람이라 네가 스트레스를 많이 받겠구나", "너도 충분히 잘하고 있단다, 형하고 너를 비교하지 마렴" 하고 말하곤 했다. 닉을 격려하려는 의도였지만 정말 듣기 힘들었다고 한다.

"성공한 부모님과 완벽한 형을 둔 기분은 어떤가요?"라고 내가 묻자 닉은 "제가 한 단계 낮은 급의 인간인 것 같죠. 형은 저에게 '너처럼 유치한 애한테 쓸 시간 없어'라고 말하곤 했어요. 친형인데 남과 다를 게 없어요. 평소 대화도 잘 하지 않고요"라고 답했다.

어린 시절 닉은 기쁨을 제대로 느낄 기회를 가지지 못했다. 기쁨이 느껴질 때마다 "나는 아직 멀었어"라며 스스로를 다잡았다. 그래서 닉은 기쁨을 느끼려 할 때마다 기쁨 아래 숨은 고통스러운 감정이 건드려지곤 했다.

여러 가지 감정이
동시에 존재할 수 있다

닉에게 대학 졸업은 복잡한 감정이 느껴지는 일이었다.

"졸업은 저에게 중요한 이정표예요. 심리 상담을 받겠다고 결정한 제가 자랑스럽고요. 하지만 제 안의 어떤 부분은 대학 졸업이 남들 보기에 별것 아닌 일일 거라고 말해요. '닉은 한참 늦게, 겨우 대학을 졸업했다.' 다들 이렇게 생각할 거예요. 솔직히 지난 몇 개월 동안 제가 해낸 일들은 이력서에 써 넣을 만한 성취도 아니죠."

"저 자신에게 화가 나요. 왜 좀 더 일찍 상담 센터에 도움을 청하지 않았을까요? 2년 전에 처음 상담 센터를 방문했을 때 제대로 치료를 받았더라면 좋았을 텐데! 그때 심리 상담을 중도에 포기하지 않았다면 2년이나 시간 낭비를 하지 않았을 테고, 졸업 성적이 이렇게 낮지도 않았을 거예요. 정말 화가 나요."

"선생님, 저는 여전히 스스로가 역겨워요. 정말 역겨워요. 그거 아세요? 우울증이 심했을 때 제 방은 엄청나게 더러웠답니다. 배달시킨 음식이 침대 위며 바닥이며 엉망으로 널려 있었죠. 지금 돌이켜 보니 끔찍할 정도예요. 어쩌면 그렇게 역겹게 살았던 걸까요?"

"요즘 SNS에 친구들 사진이 자주 올라와요. 그걸 보면 제가 쓸모없는 인간처럼 느껴지죠. 소중한 친구들의 행복한 일상을 보면 저도 기뻐요. 하지만 저 혼자 이 꼴로 산다는 게 힘들기도 해요. 기쁘지만 슬프죠."

닉의 말을 듣던 내가 끼어들었다.

"기쁨과 슬픔을 같이 느낀다는 거군요."

우리는 서로 다른 감정을 같이 언급할 때 '하지만'이라는 접속사를 사용한다. 닉이 그랬듯이 "기쁘다, 하지만 슬프다"처럼 말이다. 닉이 '하지만'을 사용하는 의미는 슬픔이 있기 때문에 기쁨은 중요하지 않다는 것으로 읽힌다.

닉의 내면에는 여러 가지 복잡한 감정이 존재한다. 기쁨, 자랑스러움, 분노, 혐오, 슬픔, 수치심…. 어떠한 감정이라도 옳고 그름은 없다. 모든 감정은 흥분이 느끼고 힘세에나 될 당신이 필요하다.

때때로 감정은 양파처럼 여러 겹으로 존재한다. **또는 서로 다른 감정이 동시에 일어나기도 한다. 기쁨, 슬픔, 분노는 동시에 존재할 수 있으며 제각각 동등하게 중요하다.**

우리 사회의
해로운 긍정성

우울증을 앓던 2년 동안 닉은 몹시 외로웠다.

"당시 몇 달 동안 집세를 내지도, 강의에 출석하지도 않았어요. 그런데 가족들이 그걸 모르더군요. 아무도요. 아무에게도 세가 우울하다는 이야기를 하지 않았죠. 갑자기 살이 쪘는데, 친구들은 놀리기나 했어요."

이 사회는 심리 건강에 관한 화제를 불편해한다. 오로지 긍정적이고 완벽한 면만 보여 줘야 한다고 여긴다. 그래서 심리적 문제로 고통받는 사람들은 점점 더 설 자리를 잃고, 스스로를 부끄럽게 생각하게 된다.

심리 문제를 언급하지 않으려는 분위기만이 문제가 아니다. 나는 이 사회에 '해로운 긍정성(toxic positivity)'이 팽배해 있다는 걸 느꼈다. 누군가 부정적 감정을 표현하면 사람들은 "긍정적으로 생각해!", "부정적인 것들은 생각하지 마!", "기분 좋게 지내!", "슬퍼하고 힘들어하는 건 도움이 안 되니까 좋은 쪽으로 생각해" 등의 조언을 한다. 해로운 긍정성이란 무조건 좋은 일만 생각하게 하고 부정적인 감정을 숨겨 버리는 역할을 한다.

내가 심리 상담을 받을 때 이런 일이 있었다. 상담사에게 농담으로 "지금 제가 느끼는 고통스러운 감정을 사라지게 할 마법이 있을까요?"라고 물었다. 그러자 상담사가 웃으면서 지팡이를 휘두르며 마법 부리는 흉내를 냈다.

나 역시 상담사로서 긍정의 힘을 가진 마법 지팡이가 있었으면 하고 바랄 때가 있다. 지팡이만 휘두르면 내담자를 기분 좋게 만들고 그의 고통을 없애 줄 수 있으니 얼마나 좋은가.

하지만 현실 속에서 타인을 억지로 기분 좋게 만들 수는 없다. '기분 좋아져야 한다'고 아무리 강요한들 정말로 그들을 행복하게 할 수는 없다.

그런데 이 사회는 '즐거워야 한다', '긍정적으로 생각하면 힘든 일을 이겨 낼 수 있다'는 걸 지나치게 강조한다. 그 바람에 많은 이가 내면의 고통과 슬픔을 차마 입 밖으로 표현하는 일을 어려워한다.

닉의 어머니는 평소 이렇게 타이르셨다고 한다.

"계속 부정적으로 생각하니까 우울해지는 거란다. 왜 긍정적인 방향으로 생각하지 못하니?"

그 때문에 닉은 우울함을 느낄 때마다 사색했나.

기쁨과 즐거움은 중요하다. 하지만 기쁨은 부정적인 감정을 없애야 생기는 게 아니라, 무슨 감정이든 충분히 느끼고 모든 감정에게 존재할 공간을 주면서 세상 그리고 타인과 유대 관계를 형성할 때 생긴다.

17

스스로 기꺼이
나약해진다는 것

/// **용기** ///

나약해지고자 할 때 감정을 느낄 수 있다.
자신을 나약하게 하는 것,
즉 수치심과 공포 등을 느끼려는 시도가 필요하다.
그래야 기쁨, 사랑, 타인과의 유대 관계 등을
누리며 느끼며 살 수 있다.

이 책을 쓰던 시기, 나는 미국에서 대학 내 상담사 자리를 찾고 있었다. 교직원 구직은 번잡하고 정신적으로 피로한 과정이다.

어느 학교에서 사람을 구하는지 알아보고, 그 학교의 상담 센터가 나에게 적합한 일자리인지 살펴보고, 학교마다 필요한 구직 신청 서류를 준비해야 한다. 신청서를 제출한 뒤에는 1차 영상 면접이 있고, 1차 면접에 합격하면 2차 면접이 있다. 2차 면접이 끝나면 최종 합격 발표까지 기다려야 한다.

이 모든 과정이 너무 힘들었다. 알 수 없는 미래를 마주하는 것과 같았다.

심리학 연구 결과에 따르면, 인간의 뇌는 '부정적 편향성'을 띤다. 미래를 예측하기 어려울 때 대뇌는 쉽게 최악의 결과를 상상한다. 그래야 나중에 어떤 위험이 닥치더라도 마음의 준비를 할 수 있다.

한동안 이메일 계정에 들어갈 때마다 면접을 보자는 연락이 없으면 온갖 부정적인 생각이 떠올랐다. '내 조건이 나쁜가?' '그 학교에서 나를 거절한 걸까?' '1차 면접이 끝난 지 1주일이 넘었는데 아직도 연락이 없다면 합격하지 못한 거겠지?' '합격하지 못하면 남들이 나를 어떻게 생각할까?' '결국 어떤 곳에도 들어가지 못하게 되면 어떻게 살지?'

구직 활동을 하기 전부터 나는 미국의 대학에서 일자리를 찾는다는 데 두려움을 가지고 있었다. 나중에야 '구직 활동'이라는 것 자체가 사람을 나약하게 만드는 일이라는 걸 깨달았다.

구직 활동을 하는 동안에는 누구에게나 부정적 감정이 계속 생긴다. 알 수 없는 미래의 불확실성을 마주해야 하고, 결국 채용되지 못할지도 모른다는 불안감을 느껴야 한다. 끊임없이 자신의 능력을 의심해야 하며, 직장을 구하더라도 낯선 환경에 새로 적응해야 한다는 걱정도 든다.

이런 공포와 불안 속에서 구직 활동을 계속했고, 나는 그 과정이 스스로 나약해지는 것임을 발견했다. 나약해진다는 표현 때문에 부정적인 의미로 오해할지도 모르겠다.

여기서 말하는 '나약함'은 취약성(vulnerability)을 가리킨다. 취약성이란 '쉽게 상처받는다', 즉 외부의 자극에 민감하게 반응한다는 의미다.

사랑하고, 느끼고, 나약해져라

앞서 감정 변화 삼각형을 소개한 바 있다. 이 역삼각형 모델의 왼쪽 상단은 감정을 충분히 느끼지 못하게 하는 행동인 방어기제다. 상담을 진행하다 보면 내담자들이 '높은 장벽'이라는 비유로 방어기제를 표현하는 걸 자주 본다. 마음을 장벽으로 둘러싸서 외부 세계와 단절한다는 표현이다.

많은 사람이 매일 방어기제를 사용하며 생활한다. 장벽을 높게 쌓고 나면, 장벽 안쪽의 좁은 공간이 '안전지대'가 된다. 그 안에서 실망감이나 괴로움, 미지의 두려움 등을 느끼지 않으면서 안정적으로 지낼 수 있다.

그렇게 시간이 많이 흐르면 자신을 감옥에 가둔 것과 다름없는 상태가 된다. 시간이 갈수록 장벽 안에서 느끼는 '안전하다는 감각'에서 벗어나기 어렵기 때문이다. 장벽 안에서는 새로운 자극을 받을 일이 없다. 불확실한 것도 없고, 모든 게 내가 예측할 수 있는 범위 내에 있다.

장벽은 부정적 감정을 느끼지 않을 수 있게 막아 준다. 동시에 즐거움, 기쁨, 감격스러움 등의 긍정적 감정도 느낄 수 없다.

스스로 나약해진다는 건, 외부 세계가 불확실성으로 가득 차 있더라도 또 어떤 감정에 의해 몹시 괴로워지더라도 높이 쌓아올린 장벽 바깥으로 나간다는 의미다. 나약해지고 취약성이 높아져야 여러 감정을 느낄 수 있다.

나를 보호해 주던 장벽을 벗어나 나약해진나면, 고통스러운 감정이 침범하고 타인에게 상처받는 일도 생길 것이다. 그러나 취약성으로 기쁨, 사랑, 사람과 사람 사이의 유대감 등도 느낄 수 있다. **취약성이야말로 모든 감정의 근원이다.**

사랑하라, 그리고 나약해져라. 누군가를 사랑한다면 그를 잃었을 때의 고통도 감당해야 한다. 고통을 겪을지도 모른다는 위험을 감수해야 사랑할 수 있다.

브레네 브라운 교수는 "상처받은 사람은 용기 있는 이들이다"라고 말했다. 상처받았다는 건, 곧 방어기제를 내려놓고 스스로 나약해진 후에야 비로소 타인을 사랑했다는 의미다.

인간은 나약해질 때
더 강하게 연결된다

2018년 미국에서 '고독감(loneliness)'에 관한 연구 결과가 발표되었다. 대부분의 미국인이 고독하다는 것이었다. 상담을 하다 보면 많은 내담자가 자신의 내면이 몹시 고독하다고 털어놓는다.

고독감은 몹시 주관적인 느낌이다. 이해받지 못한다고 느낄 때, 타인과 연결되어 있지 못하다고 느낄 때, 아무도 나를 진정으로 이해하지 못한다고 느낄 때 '고독하다'고 말한다. 고독감은 '혼자 있음'과 다르며, 곁에 사람이 얼마나 있느냐로 구분되는 것도 아니다.

내가 상담을 맡았던 어느 대학생은 모임과 파티에 자주 참석했다. 항상 친구들과 몰려다녔다. 그러나 그는 고독했다. 또 다른 내담자는 결혼한 지 10년이 되었는데 같은 집에 사는 배우자가 낯선 사람처럼 느껴져 고독하다고 했다.

물론 고독감은 정상적인 감정이다. 누구나 고독감을 느낄 수 있다. 누구나 좌절과 실패를 경험할 수 있는 것과 마찬가지다. 그러나 어떤 이들은 '대부분의 경우' 혹은 '언제나' 고독하다. 문제가 있다.

관련 연구 결과에 따르면, 고독감은 신체적 건강에 위해 요소로 작용한다. 매일 담배 50개비를 피우는 것과 비슷한 정도다. 고독감은 높은 확률로 신체적이고 심적인 질병을 유발하며, 면역 체계에 문제를 일으키거나 심하면 사망까지 이르게 한다.

고독감은 타인과 함께 보내는 시간의 길이나 인간관계의 질에 의해 결정되지 않는다. 잘 이해되지 않는다면 다음 질문에 답해 보자.

- 타인과 함께 있을 때 스스로 나약해지려 하는가(방어기제를 내려놓는가)?
- 타인과 함께 있을 때 진정한 자기 모습을 표현하려고 하는가?
- 다들 SNS에 행복한 한때를 기념하는 사진을 올릴 때, 자신의 완벽하지 않은 모습을 드러낼 수 있는가?
- 자신과 타인 사이에 진지한 유대 관계가 형성되어 있는가?

감정 변화 심각형을 이용해 생기게 되도 좋다. 이민 사람이 네일 방어기제로 완전무장하여 자신을 보호하면서 살고 있다고 하자. 장벽 안의 좁은 공간에 자신을 가두고 감정을 느끼지 않는 사람이 타인과 진지한 유대 관계를 맺을 수는 없다. 타인과 제대로 유대감을 형성하지 못하면 시간이 갈수록 고독해진다.

감정 변화 삼각형으로
자신의 감정을 파악하라

상담할 때 감정 변화 삼각형을 알려 주곤 하는데, 그때마다 나는 내담자들에게 자신이 어떤 방어기제를 사용하는지 잘 살펴보라고 주문한다. 그런 다음 내담자가 불안감을 가라앉힐 수 있게 도와주면서, 불안 아래 숨어 있는 핵심 감정을 느껴 보라고 한다.

상담실에서 내담자들은 슬픔, 분노, 혐오, 기쁨, 흥분, 수치심, 공포 등 각종 감정을 충분히 느낄 수 있는 '안전한 공간'을 제공받는다. 감정을 느끼는 경험을 거듭하다 보면 내담자의 뇌와 신체는 새로운 경험을 통해 '감정을 느껴도 무시무시한 일이 벌어지지 않는다'는 사실을 배운다.

물론 어떤 감정은 몹시 고통스럽다. 그렇더라도 **감정을 느끼는 경험이 쌓이면, 차차 모든 감정이 자연스럽게 느껴지고 자신이 감정을 조절할 수 있다는 사실도 깨닫게 된다.**

감정 변화 삼각형 도구를 알게 된 뒤, 나는 종종 지금 감정 변화 삼각형에서 어디쯤 위치하고 있는지 자문한다. '방어기제를 사용하는 중인가?' '불안감이 느껴지는가?' '핵심 감정을 느낄 수 있나?' 매일의 일상 속에서 잠시 하던 일을 멈추고 신체적으로 어떤 감각이 느껴지는지, 어떤 감정에 좀 더 집중해야 하는지 관찰하는 것이다.

이 과정을 거치면서 나의 방어기제는 '바쁘게 사는 것'임을 깨달았다. 이제는 내가 바쁘게 지내고 있다는 생각이 들면, 곧바로 "바쁘지 않았다면 나는 어떤 감정을 느꼈을까?" 하고 질문을 던진다.

그 밖에 자주 나타나는 방어기제는 '먹는 것'이다. 배가 고프지 않은데도 쉬지 않고 먹는 것이다. 많은 사람이 먹는 것으로 감정을 마비시키거나 회피한다. 그래서 내담자들에게 먹고 싶다는 충동이 느껴질 때, 그 순간 신체적으로 어떤 느낌이 있는지 주의 깊게 살펴보라고 주문하곤 한다. 먹고 싶다는 충동 아래 어떤 핵심 감정이 숨어 있는지, 이 순간 음식을 먹지 않으면 어떤 감정이 느껴질지 살펴보는 것이다.

<감정 변화 삼각형>

방어기제
어떤 방어기제를
사용하는지 살펴보자.

억압된 감정
불안이 억압되어 있다면,
불안을 어떻게 가라앉힐 수
있는지 배워야 한다(다른 감
정이더라도 마찬가지다).
그리고 불안 아래에
어떤 감정이 숨어 있는지
살펴보자.

핵심 감정
기쁨, 흥분, 공포, 슬픔, 혐오, 분노 등이 있다.
핵심 감정을 마주할 때 해야 할 일은 그 감정을 제대로 느끼는 것이다.

감정 변화 삼각형은 내면세계와 감정을 좀 더 잘 알아차릴 수 있게 도와주는 도구다. 마음속에 감정 변화 삼각형을 하나 들여놓기를 권한다. 매일 몇 분 정도만 시간을 들이면 된다. 하던 일과 생각을 잠시 멈추고 지금 삼각형의 어느 위치에 있는지 살펴보자.

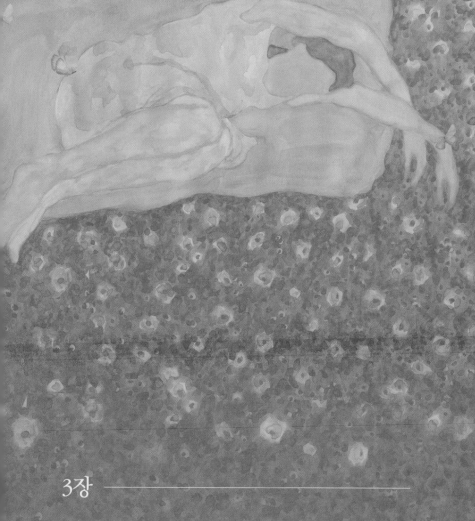

3장

감정을 느끼지 않아도 되는
사람은 세상에 없다

: 감정과 타인과 더불어 잘 지내는 법

18

나만의 안전지대에서
마음껏 느껴라

///

방어기제로 타인을 탓하면
감정을 느끼지 못하게 된다.
끊임없이 상처를 주는 사회에서는,
방어기제를 내려놓고 감정을 표현할 수 있는
안전지대를 만들어야 한다.
감정과 상처를 드러낼 수 있어야 사회도 치유될 수 있다.

어떤 강연에서 종이 카드 열 장에 인생에서 꼭 갖고 싶은 걸 적는 활동이 있었다. 카드에 건강한 신체, 열정적으로 일할 수 있는 직장, 행복한 결혼 생활, 자녀 출산, 자녀의 건강, 편안하고 안전한 집 등 갖고 싶은 걸 적었다. 카드를 뒤집어 놓고 섞은 후, 다섯 장을 치운다. 남아 있는 카드 다섯 장을 뒤집어 어떤 게 적혀 있는지 확인한다.

앞으로의 삶에서 남아 있는 카드에 적힌 것만 가질 수 있다고 상상해 보자. 열 가지를 바랐는데 겨우 다섯 가지만 가지게 되는 것이다. 나머지 다섯 가지는 손에 넣을 수 없다. 정리해고를 당하거나 큰 병을 앓을 수도 있고, 배우자가 사망하거나 이혼할 가능성도 있고, 천재지변으로 집을 잃을 수도 있다.

삶에서 유일하게 확정적인 사실은 '변화로 가득 차 있다'는 것뿐이다. 인생은 계획한 대로 흘러가지 않는다. 예측할 수 없는 사건과 사고가 원하는 걸 빼앗아 갈 수 있다. 특히 가슴 아픈 점은, 이 세계에 심리적 외상을 남기는 일이 갈수록 많아지고 있다는 것이다.

이 책을 쓰던 시기에 미국에서는 무차별 총격 사건, 교내 총기 난사 사건 등이 여러 차례 일어났다.

2018년 10월 대만에서는 기차가 전복되어 많은 사람이 죽거나 다쳤다. 같은 해 11월에 나는 캘리포니아 북부의 어느 도시에서 열리는 연구 발표회에 참석했는데, 그날 캘리포니아 북부 삼림에 큰 화재가 발행해 1만 여 채의 집이 전소되고 사상자도 많이 발생했다. 연구 발표회가 열린 도시는 화재 현장에서 자동차로 몇 시간이 걸리는 거리에 있었는데도 공기 중에 매캐한 탄내가 떠돌았다.

2019년 1월에는 내가 다녔던 대학이 있는 도시에서 무차별 총격 사건이 벌어졌다. 미국에서 치안이 좋기로 손꼽히는 도시여서 사회 전체에 큰 충격을 안겼다.

이런 사건들은 직접적으로 일어나지 않아도 심리적 외상을 남길 수 있다. 텔레비전 뉴스에서 트라우마가 될 만한 장면을 계속해서 내보내면, 대뇌 편도체가 자극을 받아 신체에 '투쟁-도피-경직' 반응을 일으켜 불안, 공포, 막막함 등을 느끼게 된다. 이처럼 트라우마를 남길 수 있는 사건들은 이 세상이 안전하다는 감각을 깨뜨린다.

최근 미국에서 교내 총기 난사 사건이 늘어나자, 청소년 내담자들이 자기 학교에서도 그런 일이 일어날까 봐 걱정하곤 했다.

2014년 대만의 한 지하철에서 무차별 살인 사건이 일어난 뒤 사람들은 지하철을 탈 때마다 공포와 긴장감을 느꼈다.

2020년 1월 내가 사는 도시에서도 총격 사건이 벌어졌다. 사건 현장은 나도 몇 번 지나간 적이 있는 곳이었다. 그날 이후 나는 그 근처를 지나갈 때마다 긴장했다.

이와 같이 트라우마를 남기는 사건들은 안전했던 장소와 행동이 더 이상 안전하지 않다고 느끼게 만든다.

감정을 표현할 수 있는 안전지대가 필요하다

이런 사건은 사회적으로도 많은 증오와 원망을 불러일으킨다.

2019년 방영된 대만 드라마 〈아문여악적거리(我們與惡的距離)〉에서 사회적으로 이슈가 된 사건이 일어난 뒤 인터넷과 SNS, 언론 등에서 가해자와 가해자의 가족부터 피해자끼지 가리지 않고 공격하거나 비난하는 현상을 그린 바 있다.

트라우마를 남기는 사건이 일어났을 때 우리의 첫 번째 반응이 '남 탓'인 경우가 많다. 성폭력 피해자를 두고 노출이 심한 옷을 입었기 때문이라거나, 부모가 제대로 지켜보지 않았기 때문에 아이가 사고를 당했다고 말하는 게 이에 해당한다.

나쁜 일이 일어난 데는 이유가 있으며, 그가 무언가 잘못한 게 분명하다는 식으로 생각하는 것이다.

우리는 자신과 고통스러운 사건을 겪은 사람을 분리해 사고하려는 경향이 있다. 내게는 이런 일이 일어나지 않을 것이다, 나쁜 사건은 남에게만 일어나는 거라고 생각한다.

정신 질환, 가정 폭력, 성폭력, 아동 학대, 자살 시도, 실직, 이혼, 알코올 중독, 교통사고 등의 일이 나 혹은 주변 사람에게는 일어나지 않을 것처럼 여긴다.

남 탓을 하거나 자신과 타인을 분리해 사고하는 것 모두, 숨어 있는 핵심 감정을 느끼지 않기 위해 사용하는 방어기제다. 사람들은 트라우마를 남기는 사건 사고를 '이해할 수 없다'고 말한다. '건강한 30대 남자가 갑자기 병에 걸려 죽다니 어떻게 그럴 수 있지?' '어제만 해도 즐겁게 뛰어놀던 아이가 왜 하굣길에 차에 치어 사망해야 하지?' '착하고 좋은 일을 많이 한 저 사람이 왜 무차별 살인 사건의 피해자가 되었지'

비극을 앞에 두고 사람들은 '왜'를 이해하지 못하면, 남을 탓하고 비난하면서 원인을 찾으려 한다. 사고를 당한 사람과 자신을 충분히 분리하고 차이점을 찾지 못하면, 잔인한 비극이 내게도 일어날 수 있다는 뜻이기 때문이다.

브레네 브라운 교수는 '남 탓'이란 자신의 고통과 불편감을 타인에게 전가하는 행동이라고 표현했다. 나의 고통을 고스란히 느끼는 것보다 타인에게 밀어내는 게 훨씬 쉽다. 우리가 살아가는 세계는 약하다. 언제든지 붕괴할 수 있다. 남에게만 일어날 것처럼 여기는 일이 언제든지 내게도 일어날 수 있다. 고통과 불행은 한 사람을 이루는 일부분이며, 그 사실은 나와 남이 다르지 않다.

방어기제를 이용해 계속 남 탓만 하면 감정을 느낄 기회를 잃어버린다. 끊임없이 심리적 외상을 남기는 이 사회에서는 방어기제를 내려놓고 감정을 표현할 수 있는 안전지대를 만드는 게 필요하다. 감정과 상처를 드러낼 수 있어야 사회도 치유될 수 있다.

용서할 수 있으면 치유될 수 있을까?

힘든 사건을 겪고 트라우마가 남은 이들을 향한 또 다른 반응으로는 "용서해야 한다"고 말하는 게 있다. 사람마다 용서에 대한 정의가 다르겠지만, 내담자가 먼저 '용서'라는 말을 꺼내지 않는 한 상담 중에 내가 먼저 사용하지 않는다.

상담 과정에서 '용서'를 언급하는 내담자들이 몇 명 있었다. 그들은 대체로 이렇게 말하곤 했다.

"어머니의 생일 파티에 참석하고 싶지 않아요. 그런데 이모가 시간이 한참 흘렀으니 어머니를 용서해야 마땅하지 않느냐고 하더군요. 하지만 저는 여전히 어머니와 연락하고 싶지 않습니다."

"어렸을 때 아버지가 저를 학대했습니다. 지금은 아버지가 제 아이마저 상처 입힐까 봐 아버지가 제 생활 반경 안으로 들어오지 못하게끔 하고 있어요. 그런데 언니가 저의 태도가 잔인하다면서 아버지를 용서해야 한다고 합니다."

주변 가족에게서 용서하라는 말을 듣거나 종교적 신념 때문에 용서하는 게 옳다고 생각하며, 용서하지 못하는 자신에게 화를 내거나 좌절감을 느끼기도 했다.

주변 사람들만 용서하라고 종용하는 게 아니다. 인터넷만 둘러봐도 심리 치유를 표방하는 글들이 나온다. 대체로 '용서하라', '내려놓아라'라고 조언하며, 그래야 편안해진다고 말한다. 영화나 드라마에서도 고통스러운 사건을 겪은 인물이 결국에는 용서를 선택하고, 용서하는 순간 모든 상처와 고통이 사라지는 식의 연출을 쉽게 찾아볼 수 있다.

그렇지만 많은 내담자가 상담 과정에서 이렇게 묻는다. "어떻게 해야 용서할 수 있죠?" "언제쯤 용서할 수 있을까요?" "용서할 수가 없어요. 어쩌면 좋죠?"

용서란 도대체 무엇인지부터 생각해 보자.

노벨 평화상 수상자이자 남아프리카공화국 케이프타운 대주교를 지낸 데스몬드 투투(Desmond Tutu)는 《용서에 관한 책(The Book of Forgiving)》에서 '용서'가 무엇인지 설명했다.

용서하려면 네 단계를 거쳐야 한다. 첫째, 일어난 일을 말로 표현할 수 있어야 한다. 둘째, 고통과 상처를 직시하고 수용해야 한다. 셋째, 용서한다. 넷째, 관계를 회복할지 끝낼지 결정한다.

다시 말해 용서하려면, 우선 심리적 상처를 치료하면서 자신의 감정을 느끼는 게 필수적이다. 모든 감정에는 편안하게 표현할 수 있는 공간이 필요하다.

슬픔, 분노, 공포, 죄책감, 증오 등 어떠한 감정에도 옳고 그름은 없다. 모든 감정은 인정받아야 하고, 감정이 전달하는 목소리에 귀를 기울여야 한다.

감정이 있어야 감정에서 벗어나는 게 가능하다. 그런데 많은 사람이 첫 번째와 두 번째 단계를 건너뛴다. 상처와 고통을 제대로 처리하지 않고서 용서하려 하거나 용서하라고 종용하는 것이다.

용서는 상처를 잊는 것도 아니고 상대방의 행동이 잘못되지 않았다고 여기는 것도 아니다. 용서는 자신이 겪는 고통에서 벗어나기 위한 열쇠다. 용서를 이렇게 정의한다면, 심리적 상처로 괴로워하는 사람들이 모두 자신의 고통을 충분히 느낀 다음 내려놓기를 바랄 것이다. 그러려면 무엇보다 이처럼 행동할 수 있는 사회적 분위기가 선행되어야 한다.

모든 사람이 용서할 수 있고 이 사회 전체가 치유되는 방향으로 나아가려면, 어떤 감정이든 표현하고 언급하며 느낄 수 있게 해 주는 공간을 만들어야 한다.

19

이야기를 나눌 사람이
있다는 것만으로도

///

지금 이 순간 고통 속에 있는 사람에게 위로가 되는 건,
반응이 아니라 그저 인간 대 인간의 유대감일 수 있다.
고통을 겪는 사람과 대화할 때는 공감과 이해를 선택해야 하며,
유대 관계가 천천히 쌓이면서 신뢰를 만든다.

샘(Sam)은 결혼 생활 문제로 상담 센터를 찾았다.

"아내가 이혼하고 싶다고 합니다. 저하고 소통이 되지 않는다면서, 제가 어떤 기분인지 표현하지 않으니 알 수가 없다고 하더군요. 계속 이러면 이혼밖에 답이 없다고요."

샘과 아내의 일상적인 소통 방식이 어떤지 질문했더니, 샘은 아내와 다투거나 의견이 다를 때 자신을 완전히 '폐쇄'하고 동굴 속으로 숨어 들어가는 사람이었다. 샘이 동굴에 들어가서 아무 반응도 보여 주지 않으면 아내는 좌절감을 느꼈다. 아내는 어떻게든 샘을

동굴에서 나오게 하고 싶은데, 샘 입장에서 아내의 행동이 강압으로 느껴져 오히려 더 깊숙이 숨어 버리는 결과를 낳았다.

"저도 왜 그런지 모르겠습니다. 아내에게 제 생각을 잘 표현하고 싶은데 말이 나오지 않아요. 그러다 아내가 목소리를 높이기 시작하면 저는 스위치가 내려가고 마는 거죠."

누구나 타인의 감정을 수용할 수 있는 것은 아니다

흔히 접할 수 있는 소통 방식이다. 배우자, 가족, 친구에게 내 마음속의 감정을 다 드러내고 싶지만, 머리로 여러 번 시뮬레이션을 돌려도 입 밖으로 말이 나오지 않는 경험을 한 번쯤은 해 본 적이 있을 것이다.

감정을 표현하는 데 두려움을 느끼는 사람은 어린 시절의 경험 때문인 경우가 많다. 부정적 감정을 드러냈을 때 주변 어른들에게 야단을 맞거나 관심을 받지 못했다면 감정 표현이 어려워진다.

어릴 때의 경험은 대뇌 신경회로에 강하게 각인되어 '감정의 지도'를 형성하는데, 어른이 되어서도 '감정을 드러내면 위험하다'고 느낀다.

샘은 전통을 중시하고 보수적인 성향의 가정에서 자랐다. 샘의 아버지는 감정을 전혀 노출하지 않는 분이었다. 샘은 아버지가 우는 모습을 단 한 번도 보지 못했다. 어린 샘이 울음을 터뜨리거나 슬퍼하거나 무서워하면, 아버지는 "남자는 용감해야 한다, 겁내면 안 된다"고 했고 "남자답게 굴어라!"라고 야단쳤다. 샘은 점차 감정을 표현하는 걸 위험한 일로 인식하게 되었다.

샘은 어른이 되어서도 감정을 드러내는 일에 두려움을 느꼈다. 자신이 보여 주는 감정에 대해 상대방이 어떻게 반응할지 예측할 수 없었기 때문이다. 샘은 비웃음을 당하거나 이해받지 못할 거라고 걱정했다.

확실히 타인과 정서적인 교류를 나누는 건 위험을 감수해야 하는 일이다. 타인이 나를 대하는 방식을 통제할 수 없으니까 말이다. 상대방이 어떻게 반응할지 알지 못하는 상황에서 가장 진실한 나의 모습을 드러내야 한다. 그만큼 감정을 표현한다는 건 방어기제를 내려놓고서 스스로를 약하게 만드는 과정인 셈이다.

타인의 정서적 공감 능력을 너무 과소평가하는 건 아닐까?

내가 담당했던 여러 내담자는 이렇게 말하곤 했다.

"나는 아버지(혹은 어머니, 친구, 배우자)에게 감정을 표현하는 게 두려워요. 나를 어떻게 평가할지, 혹은 내 감정을 받아들이지 않을까 봐 겁이 납니다."

그러나 용기를 내 그들과 소통을 시도하면 생각했던 것보다 좋은 결과가 나왔다. 두려워하던 내담자들이 감정을 표현하면서 진정한 자기 모습을 보여 주면, 상대방과 인간 대 인간의 유대 관계가 깊어지고 관계도 가까워졌다.

물론 누구나 타인의 감정을 잘 받아 주는 건 아니다. 감정을 소통하려면 우선 '그럴 수 있는 사람'을 찾아야 한다.

섣부른 판단과 위로는
상대를 더 힘들게 만들 뿐이다

누구나 타인과 정서적 소통을 나눈 경험을 가지고 있다. 그런데 때때로 소통을 하고 나서 오히려 기분이 더 가라앉는 경우가 있다. 타인과 정서적으로 소통할 때 상대방이 어떤 반응을 보여 주면 이해받는 느낌이었는지, 또 어떤 반응에서 마음이 더 힘들어졌는지 생각해 보자.

상대방이 나의 감정을 축소 혹은 왜곡해서 반응하면 기분이 더 나빠진다. 예를 들면 이렇다. "아이 참, 뭐 그리 심각하게 굴어. 힘들 것도 없는 일인데.", "괜찮아! 다 잘 될 거야!", "나도 전에 비슷한 일이 있었는데… (자기 경험을 주절주절 늘어놓은 다음) 나는 너보다 더 힘들었다고.", "넌 항상 생각이 너무 많아!", "부정적으로만 여기지 말고 좋은 쪽으로 생각을 바꿔 봐. 적어도 너는 지금…."

이런 말을 들으면 상대방이 내 감정과 기분을 제대로 이해하고 받아들이지 못했다고 느낀다. 오히려 '그렇게 느끼는 네 감정이 잘못되었다'고 말하는 것처럼 여겨진다. 또한 내 감정을 자기가 생각하기에 옳은 방식으로 바꾸려는 것처럼 보인다.

우리는 타인과 소통할 때 많든 적든 위에 언급한 것과 비슷한 반응을 경험한다. 혹은 우리가 타인에게 위와 같은 말을 한다. 상담사로 일하는 나 역시, 친구와 대화할 때 종종 얼핏 들으면 위로하는 것 같지만 사실은 듣는 사람을 더 힘들게 하는 말을 하곤 한다.

얼마 전에 있었던 일이다. 학과 건물에 있는 사무실에서 30분 뒤 시작할 강의를 준비하고 있었다. 그 사무실은 박사 과정 중인 강사들이 공동으로 사용하는 공간이었다. 잠시 후 동료 강사인 엠마가 사무실에 왔고, 우리는 이런저런 근황을 이야기하며 수다를 떨었다. 엠마는 지난주에 있었던 모임 얘기를 들려줬다. 모임에 참석한 사람들 중 대부분이 엠마에게 이런 질문을 했다는 것이었다.

"박사 과정을 밟는 중이라고요? 당신의 아이는 누가 돌보죠?"

엠마는 초보 엄마이자 박사 과정을 다니는 대학원생이다. 사람들은 두 가지 역할을 수행해야 하는 그녀를 응원하기보다 비판하거나 지적하는 편이었다. "아이는 금방 자라요. 이때를 놓치면 아이가 자라는 모습을 지켜볼 수 있는 기회가 없어요" 혹은 "지금이 아이에게 정말 중요한 시기라는 걸 알고 계시나요?" 같은 말들을 들어야 했다. 낮에는 보육 기관에 보낸다고 했더니 믿을 수 없다는 표정을 지어 보였다. 그들의 표정은 '당신, 엄마 노릇을 어떻게 하고 있는 거야?'라고 말하는 것 같았다. 그 모임에 엠마의 남편도 같이 참석했는데, 아무도 남편에게는 그런 말을 하지 않았다.

대학원을 다니느라 바쁜 엠마는 아이에게 좋은 엄마가 되어 주지 못한다는 생각으로 죄책감을 가지고 있었다. 그런데 주변 사람들이 그녀를 비판하거나 이래야 한다 저래야 한다 조언을 가장한 지적 때문에 자책하는 마음은 더 커졌다.

엠마의 이야기를 듣는 동안 나는 그녀가 느꼈을 고통에 공감했다. 그런 감정은 불편했다. 그래서 본능적으로 불편한 감정을 회피하려 했고, 머릿속에 떠오른 첫 반응은 이랬다.

"괜찮아! 차차 좋아질 거야. 대학원 생활에 점점 익숙해지겠지."

다행히 그런 반응이 불편함을 피하려는 것뿐이지 엠마의 이야기를 진심으로 들어 주는 태도가 아니라는 점을 금방 알아차렸다.

힘든 상황을 피하고 싶은 건 인간의 본능이다. 타인이 감정을 노출하는 상황에 맞닥뜨리면 많은 사람이 즉각적으로 '위로하는 말'을 꺼내는 이유도 그 때문이다. 상대방의 힘든 이야기를 듣는 불편함을 빨리 끝내고 싶은 것이다.

그렇다면 어떻게 하는 게 가장 좋은 위로의 방법일까? 사실 **고통 속에 있는 사람에게 위로가 되는 건 반응이 아니라 그저 인간 대 인간의 유대감일 수 있다. 고통을 겪는 사람과 대화할 때는 공감과 이해를 선택해야 하며, 그런 유대 관계가 천천히 쌓이면서 신뢰를 만든다.**

지금 생각해도 그때의 내가 공감과 유대감을 선택한 게 자랑스럽다. 나는 곧바로 모니터를 끄고 엠마의 이야기를 경청했다. 최대한 그녀의 힘든 감정과 함께 시간을 보내려고 했으며, 특별히 뭘 더 말하려고 하지 않았다.

공감은 여러 선택지 중의 하나다. 게다가 나를 약하게 만드는 선택지다. 타인에게 공감할 때 당신은 그가 느끼는 감정과 고통을 같이 느끼게 된다. 그럼에도 불구하고 타인의 감정과 함께 시간을 보내는 걸 선택하는 것이다.

이렇듯 **인간 대 인간의 공감과 유대 관계는 차곡차곡 쌓여 신뢰를 이룬다.** 신뢰는 타인을 위해 특별히 대단한 일을 해야 생기는 게 아니라, 일상생활의 사소한 상호 작용에서 비롯된다. 타인과 정서적으로 소통하고 상호 작용할 때 공감과 유대감을 선택한다면, 둘 사이에 차차 신뢰가 형성될 것이다.

삶에는 신뢰할 수 있는, '그럴 만한 능력이 있는' 사람이 꼭 필요

하다. 공감하고 경청하며 함부로 평가하지 않을 수 있는 사람이어야 한다. 그는 배우자, 가족, 친구, 직장 동료, 심리 상담사, 교사, 종교 관계자 등 누구도 될 수 있다. 공감하는 능력을 가진 사람이어야 내면의 이야기를 들려주고 약한 모습을 보여 줄 자격을 가진다.

인생에서 신뢰할 수 있는 사람을 만나는 것도 중요하지만, 내가 타인의 인생에서 신뢰할 수 있는 사람이 되는 것도 중요하다.

나는 타인의 아픔에 공감할 수 있는 사람인가

여기까지 읽은 독자 중에 불안한 마음을 가진 이가 있을지도 모르겠다.

"나는 위로하는 말을 자주 하는 편인데, 어떻게 해야 하지?"

지금까지 힘든 마음을 더 힘들게 하는 위로의 말을 해 왔더라도 새롭게 유대 관계를 쌓을 기회가 있다. 우선 그에게 사과하면서 말해 보자.

"저번에 당신 남편이 암에 걸렸다는 이야기를 들었을 때 제가 한 말은 당신의 고통을 충분히 경청하고 보인 반응이 아니었습니다. 정말 미안합니다. 저는 당신과 함께하고 싶은데, 한 번 더 기회를 주면 좋겠습니다."

타인의 인생에서 신뢰할 수 있는 사람이 되려면 부단한 연습이 필요하다. 실수를 저지르는 것도 감수해야 한다. 실수는 배움의 일부분이며, 실수를 했다는 건 신뢰할 수 있는 사람이 되려고 시도했다는 의미다. 잘못을 고쳐 나가면서 계속 시도하면 된다.

공감과 동정은 다르다. 공감은 '그와 함께 느끼는 것'이다. 엠마의 고통과 죄책감을 느꼈을 때, 나는 그저 감정과 같이 머무르려고 했다. 그 감정은 엠마의 것이기에 내게는 '이럴 때는 마땅히 어떤 감정을 느껴야 한다'고 교정할 권리가 없다. 엠마에게 있어서 그 감정은 모두 진실한 것이고, 내가 할 일은 엠마의 감정에게 머물 공간을 내 주는 것뿐이다.

반대로 동정은 자신과 타인을 분리한다. 내가 엠마에게 이렇게 말했다고 가정해 보자.

"그 모임에 나온 사람들이 나빠요. 어떻게 그런 식으로 말할 수 있죠? 그런 일을 겪다니 참 안타까워요. 당신이 느꼈을 감정을 생각하니 마음이 아픕니다."

이 말에 담긴 숨은 의미는 '당신이 불쌍하지만 그건 당신 일이다. 그러니 당신이 감당해야 하고, 나와는 상관이 없다'이다.

그래서 누군가를 동정하는 건 쉽지만 공감하는 건 어려운 선택이다. 당신이 삶에서 고통스러운 터널을 지나고 있을 때, 동정하는 사람은 높은 위치에 서서 낮은 곳에서 힘들어하는 당신을 내려다본다. 반면 공감하는 사람은 당신이 있는 어두운 곳까지 직접 내려와서 옆에 앉는다.

공감을 연습하는 첫 걸음은, 사람은 저마다 자기만의 관점을 가진다는 사실을 온전히 받아들이고 이해하는 것이다. 타인의 관점이 당신과 다르다고 해서 틀렸다고 할 수는 없다. 사람들은 각자 세상을 바라보는 틀을 가지고 있는데, 그 틀은 어린 시절의 경험과 타고난 개인적 성향에 의해 결정된다.

사람들이 가진 틀은 그 어떤 것도 틀리지 않다. 사람들이 가진 감정도 옳거나 그르다고 평가할 수 없다. 감정이란 각자 처한 상황에서 보여 주는 반응일 뿐이다. 누구나 자신만의 감정과 관점을 가진다는 점을 이해한다면, '그렇게 느끼면 안 돼'라는 말로 상대방을 섣불리 고치려 들지 않게 될 것이다.

공감을 선택하고 공감하는 법을 연습해야 한다. 그래야 나 역시 타인에게 신뢰할 수 있는 사람이 될 수 있다.

20

괜찮다는 말에
괜찮아지면 참 좋겠지만

///

문제를 해결하려 하거나 고통을 없애 주려 하기보다
만나 주고 이야기에 귀 기울이는 것.
슬픔에 잠긴 사람에게 무엇보다 힘이 되는 일이다.
슬픔의 무게는 참으로 무겁지만
꼭 혼자 짊어져야 하는 건 아니다.
우리는 슬퍼하는 사람에게 손을 내밀어
그의 슬픔을 함께 지탱해 줄 수 있다.

심리 치료 전문가 메건 더바인(Megan Devine)은 2009년 여름에 아직 마흔 살도 되지 않은 건강한 남편 매트가 수영하던 중 익사하는 광경을 목격했다. 갑작스럽게 일어난 사건이었기 때문에 메건은 왜 이런 일이 자신에게 벌어졌는지 이해하지 못했다. 그날 이후 그녀는 상담사 일을 그만뒀다.

매트가 세상을 떠나고 주변 사람들의 지지와 사랑이 무엇보다 필요했던 시기에 메건은 오히려 깊은 고독감을 느꼈다. 주변 사람들은 메건을 어떻게 대해야 하는지 몰랐다.

메건이 친구에게 슬픈 감정을 토로한 적이 있다. 그 친구는 "무슨 일 때문에 그래?"라고 물었다. 메건이 "매트가 세상을 떠났잖아"라고 대답하자 친구는 깜짝 놀라며 "그건 한참 전 일이잖아, 왜 아직도 슬퍼해?"라는 반응을 보였다.

그 후 메건은 친구나 가족을 잃은 사람과 교류하는 과정에서, 끔찍한 상실을 겪은 사람 중 대부분이 한 번쯤은 주변 사람들로부터 평가당하거나 문제를 지적당했으며 혹은 슬픔을 느끼는 게 해서는 안 될 부끄러운 일로 취급당한 경험이 있다는 걸 알게 되었다.

슬퍼하는 이들에게 주변 친구들은 "어서 털고 일어나", "다른 사람을 만나면 돼", "지나간 일은 지나간 거야, 앞날을 생각해", "떠난 사람을 생각하며 슬퍼해도 소용없어. 어서 정신 차려" 같은 말로 격려한다.

슬픈 감정을 토로했을 때 옳은지 그른지 평가받는 느낌이 들면 더 말하고 싶지 않다. 차라리 아무렇지 않은 척하는 편이 낫겠다는 생각이 든다.

소중한 이를 잃은 사람은 그 일이 5일 전, 5개월 전, 아니 5년 전에 일어났더라도, 그날의 기억을 머릿속에 다시 떠올리는 것만으로도 그때 그 순간으로 되돌아가는 듯한 느낌을 받는다.

슬픔을 완벽히 떨쳐 버리는 일은 불가능하다. 그저 슬픔을 안은 채 앞으로 나아가는 수밖에 없다.

이 책을 읽는 당신도 어쩌면 상실을 겪었을지 모르겠다. 어느 날 갑자기 배우자가 세상을 떠난 메건의 사례와 비교하면, 내 상실감은 가벼운 것 같다고 생각할 수도 있다. 하지만 이 점을 꼭 기억하길 바란다. **애도하는 마음은 절대 비교할 수 없고, 누가 더 슬픈지 겨루는 시합도 아니다.**

사랑하는 이를 잃은 애통한 감정은 사랑의 연장선 위에 있다. 누구나 각자 다른 방식으로 사랑하듯, 상실로 느끼는 슬픔과 영향도 각자 다를 수밖에 없다.

비슷한 일을 겪었다고 해도, 타인은 절대로 당신의 감정을 완벽하게 이해하지 니 시낄 수 없다.

애도하는 마음은 남과 비교할 수 없다. 모든 감정은 유일무이하므로 누군가의 슬픔이 더 크거나 심하다고 말해서는 안 된다.

사랑이 있어야 상실도 있다. 사랑과 상실은 모두 삶의 일부분이다. 그런데 어떻게 사랑할 것인가에 관해서는 자주 얘기하면서, 상실을 슬퍼하는 방법에 관해서는 얘기하지 않는다.

이 사회는 상실로 인한 슬픈 감정을 빨리 '치료'해야 한다고 생각한다. 그래서 슬픔에 잠긴 사람에게 위로라는 명목으로 빨리 좋아지라는 말을 쉽게 한다. 나와 당신 역시 메건의 친구 같은 말을 했을지 모른다. 우리의 무신경한 반응 때문에 슬픔을 겪고 있는 사람을 더 아프게 만들었을 수도 있다.

이제 그만 좀
슬퍼하라고요?

나를 찾아오는 내담자들은 상실로 인한 고통 자체로도 괴롭지만, 주변 사람의 비판이나 지적 때문에 더 아프다고 토로한다.

사람들은 쉽게 위로하려 한다. "너는 강하니까 꼭 이겨 낼 수 있을 거야.", "그만 울어, 좋은 것만 생각해.", "또 다른 사람을 찾을 수 있을 거야.", "괜찮아, 아이야 또 낳으면 되지.", "적어도 함께해서 행복했던 추억은 남았잖니.", "다 운명인 거야.", "그래도 이제 인생에서 가장 중요한 일이 뭔지는 알게 되었잖아."

하지만 이런 위로 뒤에는 차마 끝맺지 못한 말이 남아 있다. 바로 "그만 좀 슬퍼해!"라는 말이다. "적어도 함께해서 행복했던 추억은 남았잖니. 그러니까 그만 좀 슬퍼해!" "다 운명인 거야. 그러니까 그만 좀 슬퍼해!"

이렇게 말하는 사람은 자신이 타인의 슬픔을 없애 주려고 노력하는 것만으로도 상대의 고통을 덜어 줬다고 오해할지 몰라도, 정반대의 결과를 낳을 수 있다.

위로하려고 건넨 말이 비수가 되어 상대의 가슴에 꽂힐 수 있다. 위로의 말 뒤에 숨은 "이런 감정을 느끼면 안 돼!"라는 진심을 누구나 느낄 수 있기 때문이다.

애도 중인 사람에게 위로의 말을 하려는 이유를 곰곰이 생각해 보면 좀 더 편해지기 위함이 크다. "당신의 슬픔 때문에 제가 너무 불편하군요.", "당신의 고통과 함께 있는 게 힘들어서 안 되겠습니다.", "그 고통을 쫓아 버리고 싶으니까 당신에게 그만 좀 슬퍼하라고 말해야겠습니다." 이렇게 하는 말과 다를 바가 없는 것이다.

이 사회는 슬픔에 대한 잘못된 관념을 가지고 있다. 불편하게 느껴지는 상황을 덮어 놓고 '문제'라고 생각하기 때문에, 사랑하는 이를 잃고 슬퍼하는 고통스러운 마음도 해결하고 고쳐야 할 문제라고 여긴다.

다들 슬픔을 '병'이라고 생각하면서 빨리 치료해 원래대로 회복해야 한다고 본다. 그러니 **슬픔은 병이 아니다. 치료가 아니라 그 고통과 대면하고 느끼며 받아들일 공간이 필요하다.**

어떻게 애도해야 할지
모르는 사람들

이 책을 읽는 당신도 이런 경험이 있을지 모르겠다. 가까운 친구가 삶이 완전히 달라질 정도로 큰일을 겪고 있거나 지금 막 소중한 사람을 잃었다는 사실을 알게 되었다.

당신의 내면에서 일부는 친구에게 연락해 어떻게 지내는지 관심을 가지길 바란다. 당신의 다른 일부는 이럴 때 친구에게 전화를 거는 게 너무 어색하고 불편하다고 생각한다. 당신은 전화를 걸까 말까 몇 번 망설이다가 시간이 좀 지난 뒤 스스로에게 변명한다.

"벌써 몇 주가 지나 버렸네. 이제 와서 전화를 하는 건 너무 늦었고 훨씬 어색하겠군. 전화하지 않는 게 낫겠다!"

애도 중인 사람을 어떻게 대해야 하는지 모르는 이들이 많다. 무슨 말을 해야 할지 몰라 연락과 만남을 꺼린다. 그런데 상실을 겪은 친구를 만나러 가지 않는다면 당신과 친구 사이의 유대 관계는 깨지고 만다.

슬픔을 견디는 사람에게 필요한 건 반응이나 위로가 아니라 곁에서 함께하며 고통스러운 마음을 알아주는 것이다.

뼈가 부러지는 부상을 당하면 석고붕대를 감고 다친 부위가 움직이지 않도록 끈이나 기구로 고정한다. 애도 중인 친구를 만나러 가 함께 시간을 보내는 건, 상처가 잘 아물 수 있게 고정하는 기구와 같은 역할을 한다.

"인생에는 여전히 의미 있는 일이 많다"거나 "너는 강하니까 잘 이겨 낼 거야" 같은 말은 하지 않아도 좋다. 당신의 역할은 그냥 그 자리에 존재하는 것이다.

함께한다는 건 선택이다. 그 자리에 존재하기로 선택하는 건 쉽지 않은 일이다. 그 자리에 존재한다는 건 곧 그의 고통과 슬픔을 옆에서 같이 공감한다는 의미다. 힘든 감정을 공유하는 불편함을 감수하고서 애도 중인 사람 곁에 머무르기로 결정한 것이다.

슬픔과 함께 머무는 법을 배워야 한다. 고통에 빠진 사람을 돕는 가장 좋은 방법은, 그 고통과 안전하게 마주 보고 경청할 수 있는 공간을 마련해 주는 것이다. 슬픔에 잠긴 사람이 상실로 인한 아픔을 드러낼 수 있도록 해야 한다.

고통은 감추고 억누를수록 자신의 존재를 알리려고 포효한다. 고통을 표현할 수 있는 공간이 있다면 그 감정이 나를 보라고 날뛰지 않을 것이고, 그로부터 변화가 시작된다.

만나 주고 슬픔에 귀 기울이며, 문제를 섣불리 해결하려 하거나 고통을 없애 주려 하지 않는 것. 슬픔에 잠긴 사람에게 무엇보다 힘이 되는 일이다.

상실을 슬퍼하는 일은 고독하다. 모든 관계는 저마다 특별하다. 그래서 끊어진 관계에서 무엇을 잃었는지, 이 일로 인생에 얼마나 큰 변화가 일어났는지 당사자가 아니면 알 수 없다. 누구도 대신해서 애도할 수 없기에 상실을 슬퍼하는 일은 고독하다.

그러나 고독한 일이라고 해서 반드시 혼자 슬픔을 짊어져야 하는 건 아니다. **슬픔의 무게는 무겁지만 꼭 혼자서 짊어져야 하는 건 아니다. 손을 내밀어 서로의 슬픔을 함께 지탱해 줄 수 있다.**

피할 수 없다면,
전략적으로 느껴라

미국의 작가이자 텔레비전 프로그램 진행자 노라 맥키너니(Nora McInerny)는 짧은 기간 동안 유산을 겪고 아버지와 남편의 죽음을 차례로 경험하는 등 힘든 시기를 보냈다. 그녀는 TED 강연에서 슬픔을 내려놓기 어렵다면 가지고 살아가야 한다고 말했다.

슬픔을 가진 채 살아갈 경우, 어떨 때는 슬픔의 무게가 조금 가벼워졌다고 느껴지고 또 어떨 때는 갑자기 슬픔이 격렬해지기도 할 것이다. 당연하고 정상적인 현상이다.

평소에는 괜찮다가도 명절이나 기념일이 되면 슬픔의 파도가 거칠게 덮쳐 오기도 할 것이다. 성탄절이나 새해 첫날, 추수감사절 등 가까운 사람들이 한자리에 모여 축하하며 보내는 날이 되면, 사랑하는 이를 떠나보낸 슬픔이 더 크게 다가올 테니 말이다. 그래서 명절을 앞둔 상담 회차에는 내담자들에게 명절을 잘 보내기 위한 준비를 하라고 알려 준다.

힘든 감정이 일어나기 쉬운 명절에는 마음을 어떻게 보살펴야 할까? 어떤 사람은 특별한 날에는 SNS 계정에 아예 접속하지 않는다고 했다. 남들이 명절을 축하하는 사진을 보면 더 힘들어지기 때문이다. 어떤 사람은 친구에게 도움을 구한다고 했다. 그날 전화를 걸지도 모르니 위로와 지지를 부탁한다고 미리 알리는 것이다. 또 어떤 사람은 영화 관람이나 목욕처럼 기분을 편안하게 하는 일을 계획한다고 했다.

물론 계획을 잘 세워도 슬픔이 갑자기 밀어닥치면 감정이 범람할 수도 있다. 그렇더라도 괜찮다. 감정이 범람하도록 내버려 두자.

메건 더바인은 2017년 출간한 《슬픔의 위로(It's OK That You're Not OK)》에서 애도 중인 사람에게 이런 말을 해 주라고 조언했다.

"당신은 꼭 잘 지내지 않아도 됩니다. 힘들어도 됩니다. 자기 자신에게 괜찮지 않아도 좋다고 허락하세요."

슬픔을 지닌 채 살아가다 보면 감정이 파도치듯 오르락내리락 할 때가 있을 것이나. 니러 사례 발했듯이 보는 감성에는 놓고 그름이 없다. 그러니 마음이 힘들어도 된다.

21

고독한 상태를
주의해야 한다

///

상처와 고통을 받아들이고 경청하려 하면,
견디기 힘들었던 고통의 무게가
가벼워지는 걸 느낄 수 있다.
마음속에 거대하게 자리 잡은
고독감도 부피가 줄어든 것 같고,
멈추지 않고 계속 살아가는 게
전보다 쉬워진 것처럼 느껴질 것이다.

심리 상담사로 일하며 나는 여러 내담자들의 인생 여정을 일부나
마 함께하는 영광을 얻었다. 모든 내담자들이 겪은 심리적 상처와
고통, 상실 등을 보면서 나는 인간의 회복력이 얼마나 강한지, 여러
역경을 딛고 계속해서 살아가는 힘에 감탄할 때가 많았다. 그래서
인간이 넘어져도 다시 일어나게 하는 요소가 무엇인지 생각해 보곤
했다.

정신과 의사인 베셀 반 데어 콜크는 내가 좋아하는 작가이기도
하다. 나는 그가 쓴 《몸은 기억한다(The Body Keeps the Score)》를 읽다

가 도판을 인상 깊게 봤다. 그는 2001년 9.11 테러 사건 이후 뉴욕 맨해튼의 친구 가족을 방문했는데, 당시 다섯 살이었던 친구의 아이가 학교에서 첫 번째 비행기가 세계무역센터 건물과 충돌하는 장면을 목격했다. 아이는 다음 날 자신이 본 장면을 그림으로 그렸다. 비행기가 건물에 부딪히고 화염이 치솟고 수많은 사람이 건물에서 뛰어내리는 모습이었다. 그리고 아이는 건물 아래에 매트리스를 그려 넣었다.

"매트리스가 있으면 뛰어내린 사람들이 안전할 거예요."

그 아이가 그린 그림이 책에 실려 있었다. 나는 그림을 보고 깨달음을 얻었다. 맞아! 인생에서도 매트리스가 아래 깔려 있다면 어떨까? 매트리스는 안전망 역할을 해 준다. 높은 곳에서 추락하더라도 안전하게 받아 줄 것이다.

인간은 사회적 동물이다. 누구나 혼자서 살 수 없기 때문에 타인을 필요로 한다. 특히 심리적 치유와 회복 과정에서는 더욱 그렇다. 누구도 고독한 상태로 상처를 치유할 수는 없다. 이때 안전망은 인간 대 인간의 유대 관계다.

위에서 떨어질 때 아래에 사람들이 둥글게 뭉쳐 서로 팔을 걸고 안전망을 구성하여 받아 주는 모습을 상상해 보자. 추락은 분명히 고통을 동반하는 일일 테지만 함께하는 사람들이 안정적으로 잡아 준다면 고독하지 않다는 길 깨닫게 될 것이다.

나도 네가 필요하고,
너도 내가 필요하다

누구나 삶의 안전망, 즉 기댈 수 있는 사람들이 필요하다. 안전망을 만들기 위해서는 우선 나부터 방어기제를 내려놓고 약한 모습을 보여 줘야 한다. 진정한 모습을 보여 줘야만 타인과 진지하고 깊은 유대 관계를 맺을 수 있기 때문이다.

내가 만난 내담자 중에 칼라(Karla)는 마음에 높은 장벽을 쌓고 있어서 누구도 그녀에게 안전망이 되어 줄 수 없었다. 그녀는 결혼 생활 8년간 심각한 정서적 폭력을 당했다.

상담실에 들어오자마자 칼라는 남편과 이혼하고 싶다는 말을 꺼냈다. 남편이 모욕하고 업신여기면서 사사건건 통제하려는 태도를 견딜 수 없다고 토로했다.

그러면서도 칼라는 지금의 관계를 끊는 걸 두려워하고 있었다. 이혼하면 남편이 보복할 것이고, 아이도 이혼을 제기한 자신을 미워할 거라고 생각했다.

또한 그녀는 이혼 후에 경제적으로 독립할 자신이 없었다. 칼라와 대화를 나눠 보니 남편을 떠나고 싶은 마음이 확실하게 느껴졌다. 그리고 자신에게 선택권이 없다는 생각으로 막막한 절망감에 빠져 있는 것도 알 수 있었다.

첫 번째 상담 때 칼라에게 물었다.

"당신을 지지하는 사람은 어떤 이들인가요? 누구에게 이혼하고 싶다는 이야기를 꺼냈죠?"

내담자가 각자의 인생에서 어떤 안전망을 가지고 있는지 파악하는 건 중요한 문제다. 그래서 모든 내담자에게 비슷한 질문을 던지곤 한다.

"저는 두 가지 인생을 살아왔어요. 친구와 직장 동료 눈에 비친 저는, 명랑하고 낙관적이며 자신감으로 가득한 사람이죠. 저는 친구들과 같이 요가를 배우고 저녁 식사를 하고 커피를 마셔요. 그렇지만 집에서의 저는 언제나 수치심으로 가득해요. 잘하는 게 아무것도 없다고 느끼고, 항상 남편의 분노를 받아 주는 입장이에요. 제 친구들과 부모님은 집에서 일어나는 일을 알지 못해요. 다들 제가 행복한 결혼 생활을 한다고 알고 있죠."

여기까지 말한 칼라는 잠깐 말을 잇지 못하고 머뭇거렸다.

"저를 지지하는 사람은… 없는 것 같아요."

칼라가 8년 동안 정서적 학대를 당한 걸 아무도 몰랐다. 그녀가 알리고 싶어 하지 않았기 때문이다. 몇 번 더 상담을 진행하면서, 칼라의 어린 시절을 조금 더 이해할 수 있었다.

칼라가 어릴 때 부모님이 이혼했다. 그 후 그녀는 감정을 마비시키는 방법을 깨우쳤다. 어떤 감정도 드러내거나 느끼지 않는 것이다. 그녀가 보기에 우는 건 망신스러운 일이었고, 감정을 드러내는 건 부끄러운 짓이었다. 그래서 동료나 친구 앞에서는 완벽한 모습만 보여 주려고 했다.

상담 과정에서 나는 감정 변화 삼각형을 이용해 칼라가 자신의 방어기제를 알아차리고 감정을 인지하고 느끼도록 이끌었다. 그녀는 점차 '감정'이라는 언어에 익숙해졌고, 그 언어로 내면의 느낌을 묘사할 수 있게 되었다. 그 뒤로 방어기제 없이 약한 모습을 드러낸 채 주변 사람들을 만나 결혼 생활에 대해 털어놓을 수 있었다.

칼라가 말할 수 있게 되자 조금씩 안전망이 만들어졌다.

지금 칼라는 이혼 소송을 진행 중이다. 그녀가 예측했던 대로, 정서적 폭력을 행사했던 남편을 상대하는 과정에서 어느 하나도 쉬운 게 없었다. 그러나 이제 그녀는 든든한 안전망을 가지고 있다. 언니, 친구 둘, 직장 동료 둘, 그리고 심리 상담사까지 말이다.

고통과 슬픔은 여전히 우리를 짓누른다. 그러나 당신에게 안전망이 있다면, 상처와 고통을 받아들이고 경청하려 하면, 견디기 힘들었던 고통의 무게가 가벼워지는 걸 느낄 수 있다. 마음속에 거대하게 자리 잡은 고독감도 부피가 줄어든 것 같고, 멈추지 않고 계속 살아가는 게 전보다 쉬워진 것처럼 느껴질 것이다.

'내가 너보다 낫다'는
마음의 무익성

누구나 안전망을 가져야 한다. 인생이 궤도를 이탈해 추락하려 할 때 의지할 수 있는 사람들이 필요하다. 하지만 상호 비교와 경쟁을 강조하는 사회에서 사람과 사람 사이에 안전망을 구성하는 게 쉽지 않다. '내가 너보다 나아'라는 마음을 가지고서는 타인과 유대 관계를 형성할 수 없다.

비교와 경쟁이 중요하게 여겨지는 사회에 살고 있다면, 어린 시절부터 반드시 성공해야 한다고 교육을 받았을 것이다. 성공만이 ~~7고압피 인생님에게 인생민는 일이나.~~

이런 성장 과정을 거치며 타인과 비교하면서 자신을 인지한다. 남보다 나으면 내가 가치 있는 사람이 되는 것이다. 그래서 끊임없이 타인을 비난하고 폄하해야 한다. 타인을 짓밟아야 내가 우월하다는 느낌을 받기 때문이다.

하루 동안 자신을 잘 관찰해 보자. 타인을 평가하는 내면의 목소리가 어떤 것들인지 살펴보는 것이다.

예를 들면 이런 생각이나 말이 있을 수 있다. "저 여자는 뚱뚱한데 왜 치마를 입지?", "엄마가 되어서 아이에게 저런 음식을 먹여?", "그들은 게으르고 노력하지 않아. 그러니까 그런 일이나 하는 거지.", "뚱뚱한 주제에 끝도 없이 먹어 대는군.", "아빠라는 사람이 자식한테 저런 말을 한단 말이야?", "정말 멍청한 질문이야. 이런 것조차 못하다니."

그런 다음 내면에서 어떤 내용의 평가가 자주 들렸는지 생각해 보자. 몸매나 외모를 평가하는 게 잦았는가? 학력을 평가하는 게 잦았는가? 업무 능력, 교양, 사회적 지위에 대한 내용이 많았는가?

타인에 대해 쉽게 평가하는 말을 하는 부분이, 바로 자기 자신이 부족하다고 여기거나 수치스럽게 느끼는 영역이다.

스스로 교양이 부족하다고 여기는 어머니가 있다고 하자. 그는 다른 아이의 어머니를 보면서 평가하는 생각을 가장 많이 한다. 자기 몸매에 자신감이 없는 사람은 타인의 몸매를 흠잡는 경우가 많다. 자신이 그 부분에서 수치심을 가지고 있기 때문에 나보다 못난 사람을 보면서 우월감을 느끼려고 하는 것이다.

타인과 나를 비교하고 상대방을 짓밟으려 하는 것 역시 방어기제의 일종이며, 내면에 자리 잡은 수치심이라는 감정을 느끼지 않으려고 사용한다.

타인의 부족함을 드러내는 것으로 자신이 우월하다고 느끼는 일이 거듭되면, 점점 더 고독해지고 인간관계가 소원해진다. 당연하게도 목표가 오로지 타인을 이기는 것에 있다면, 인간 대 인간으로 유대할 기회는 사라진다.

타인을 자주 폄하하는 편이라고 생각하는가? 사실 그런 경향이 있는 게 정상이다. 이 사회가 그런 가치관을 주입해 왔으니 말이다. 나 역시 타인을 평가하고 나와 비교하는 일을 아무렇지도 않게 여겼다.

사실 남을 이러쿵저러쿵 평가할 때 짧지만 기분 좋은 감정을 느낄 수 있다. 그러나 마음속 고독감은 시간이 지날수록 더 깊어질 뿐이다.

나는 오랫동안 나의 내면 자아를 관찰한 후에 방어기제 아래 숨겨진 핵심 감정을 찾아낼 수 있었다.

물론 비교하고 평가하기를 좋아하는 내 일부분은 지금도 여전히 가끔씩 모습을 드러낸다. 그래서 내가 타인을 평가한다는 걸 알아차리면 스스로에게 질문한다.

"왜 저 사람을 폄하하려고 할까? 지금 타인과 나를 비교해야 할 이유가 있는 걸까? 비교하고 평가하는 행동을 하지 않는다고 가정하면, 나는 어떤 감정을 느끼게 될까?"

당신도 내가 했던 것처럼 방어기제를 내려놓고 그 아래 어떤 핵심 감정이 숨겨져 있는지 살펴보길 바란다.

달라이 라마와 케이프타운의 대주교 데스몬드 투투가 쓴 《JOY 기쁨의 발견(The Book of Joy)》에 이런 말이 나온다. 달라이 라마가 알려 준 티베트의 기도문이다.

"한 사람을 만났을 때 우월감을 느끼지 않게 하소서. 마음 깊은 곳에서부터 눈앞의 사람을 좋아할 수 있게 하소서."

누구도 고독한 상태로 마음의 상처를 회복할 수 없다. 그러므로 서로 지지하고 응원하는 사회를 만들어야 한다. 사람과 사람 사이에 형성된 유대감이야말로 우리를 치유한다.

경쟁과 비교는 유대 관계를 깨뜨리고, 마음에 점점 더 높은 장벽을 쌓게 만든다. 진정한 내 모습을 보여 줄 기회도, 진정한 타인의 모습을 볼 기회도 잃는 것이다.

인간 대 인간의 유대감이
우리를 치유한다

심리학 설문 연구에서 젊은이들에게 질문을 던졌다.

"당신의 인생에서 가장 중요한 목표는 무엇입니까?"

80퍼센트 넘는 이들이 "부자가 되는 것입니다"라고 답했다.

또한 절반이 넘는 이들이 "유명해지는 것입니다"라고 답했다.

많은 사람이 재물과 명성이 있으면 행복해진다고 굳게 믿는다.

가보르 마테는 어느 강연에서 '굶어 죽은 귀신'이라는 말로 이를 비유했다. 사람들이 굶어 죽은 귀신처럼 죽을 둥 살 둥 명성, 성공,

돈, 권력 등을 추구한다는 것이었다.

가보르 마테는 그런 사람들은 물질적 성취를 통해 마음의 구멍을 메우려 한다고 분석하면서, 물질적으로 아무리 많은 걸 얻어도 내면은 여전히 공허할 거라고 주장했다.

인간의 내면세계를 풍요롭게 채워 주는 건 물질이 아니라 사람과 사람 사이에 형성된 진실한 유대감이다.

미국 하버드 대학의 로버트 월딩거(Robert Waldinger) 박사는 TED 강연에서 하버드 대학이 75년에 걸쳐 연구한 결과를 소개했다.

이 연구는 1938년에 시작되었는데, 당시 열아홉 살의 실험 집단 700여 명의 인생을 추적하는 프로젝트다. 몇 년 전까지도 60여 명의 참가자가 생존해 있었으며, 그들은 아흔 살이 넘었는데도 실험이 진행되고 있었다.

이 연구는 몇 년 간격으로 실험 집단과 그 가족을 방문해 인터뷰를 진행한다. 그뿐 아니라 채혈 및 뇌 촬영 등도 이뤄진다. 연구의 목적은 '한 사람의 인생을 행복하게 하는 키워드는 무엇인가?'다.

70년이 넘는 긴 실험에서 밝혀진 건 **인생의 행복이 사람과 사람 사이의 우호적인 관계, 인간 대 인간의 진지한 유대 관계에 달려 있다는 사실이다.** 누구나 의지하고 기댈 수 있는 사람이 필요하다. 인간 대 인간의 유대감이 형성되어 있어야 심리적 상처를 치유하고 회복할 수 있다.

빠른 속도와 고효율을 추구하는 세상이지만, 유대 관계를 형성하려면 시간이 필요하다. 함께하고 경청하고 타인의 감정을 존중하며 그 곁에 머무르는 시간이 충분히 쌓여야 한다.

인생에는 마음대로 통제할 수 없는 영역이 많다. 유일하게 뜻대로 할 수 있는 부분이라면 나를 어떻게 대할 것인가, 타인을 어떻게 대할 것인가, 이 사회에 어떻게 반응할 것인가 정도다.

당신은 방어기제를 내려놓고 진정한 자신의 모습을 보여 주겠다고 선택할 수 있다. 아니면, 여전히 자신을 내면의 감옥에 가둬 두는 걸 선택할 수도 있다.

당신이 공감과 동행을 선택한다면 타인의 인생에서 신뢰할 수 있는 사람이 될 수 있다. 올바른 유대 관계를 맺으면서 인생의 안전망을 형성할 수 있다. 매일매일 자기 자신과 타인을 어떻게 대할 것인지 스스로 선택하는 것이다.

당신이 느끼는 감정은 모두 정상이다

"이런 감정을 느끼는데, 정상인가요?"

올해 스물여덟 살이 된 버트(Burt)는 일과 연애 문제로 내 상담실을 찾았다. 그는 상담 과정에서 나에게 질문을 많이 하는 편이었다.

"제가 이런 감정을 가지는 게 정상인가요?"

"제가 이렇게 불안해하는 게 정상인가요?"

"슬픔을 느껴도 정상인가요?"

"화가 나는데 정상인가요?"

이 책을 읽는 당신도 비슷한 의문을 가진 적이 있을지 모른다.

나는 심리 상담사지만 감정이 일어날 때 종종 '이런 감정을 가지는 게 정상일까? 남들은 어떻게 반응하지?' 하는 생각이 든다. 신비한 기계가 있어서 내 마음을 스캔한 후 기계에 설치된 스크린에 지금 느끼는 감정과 강도를 수치로 나타내 줬으면 좋겠다고 생각할 때가 많다. 그러면 분명하게 말해 줄 수 있다.

"맞아, 저거 좀 봐. 내가 지금 이런 감정을 가지는 건 정상이야. 남들도 이런 감정을 가지고 있고, 점수도 비슷해!"

그러나 감정은 주관적이다. 타인이 어떤 감정을 느끼는지 100퍼센트 알 수 없다. 객관적인 수치가 없기 때문이다. 타인이 어떤 감정을 가지는지 측정할 수 없고, 내 감정이 정상 범주에 들어가는지도 알아낼 수 없다.

'이런 감정이 정상일까?'라는 의문이 생기는 건, 대부분 유년기에 표출한 수많은 감정이 전부 용납되지는 않았기 때문이다. 어린 시절 감정을 드러냈을 때 교정을 받았거나 처벌 혹은 질책을 당했다면, 그런 감정은 정상이 아니라고 학습한다.

버트의 유년기에도 그의 감정이 제대로 용납된 적이 별로 없었다. 그는 어릴 때 자신이 쉽게 긴장하는 아이였다고 했다. 불안 증세가 나타날 때마다 어머니는 그를 야단쳤다.

"무서워할 게 뭐 있다고 이러니? 넌 왜 이렇게 겁이 많은 거야?"

그래서 스물여덟 살이 된 지금까지 버트는 일이나 연애에서 불안감을 느낄 때마다 '내가 이러는 게 정상일까?' 하는 내면의 목소리를 들었고, 목소리는 갈수록 커졌다. 만약 어린 버트가 성장 과정에서 부모님께 표현한 모든 감정을 다 이해받았다면 어땠을까? 달라지지 않았을까?

어린 버트가 불안해할 때 어머니가 "불안한 게 정상이지. 우리 같이 심호흡을 해 보자"라고 말했다면 어땠을까? 버트가 슬퍼할 때 부모님이 그의 감정에 공감하면서 "그래, 참 힘들겠구나. 힘들 때는 울어도 돼"라고 말했다면 어땠을까? 화가 났을 때는 "화가 나는 것도 당연해. 누구나 화낼 수 있어"라고 말했다면, 그가 좀 더 건강한 방식으로 분노를 표현할 수 있게 되었을 것이다.

모든 아이가 성장 과정에서 감정은 어떤 것이든 다 정상이라는 점과 감정이 일어날 때 어떻게 대면해야 하는지를 배웠다면, 지금 이 세상은 크게 다른 모습이지 않을까?

브레네 브라운 교수의 책에서 이런 비유를 봤다.

오른쪽 어깨가 엄청 아프다고 가정해 보자. 하지만 의사를 찾아갔을 때 입이 열리지 않고 손도 움직이지 않는다면? 의사가 어디가 아픈지 물었을 때 말로 설명할 수도 없고 손가락으로 가리킬 수도 없다면? 이게 바로 감정을 인지하지 못했을 때 벌어지는 상황이다.

많은 사람이 여러 가지 감정을 가지고 있으면서도 감성을 어떻게 구분해야 하는지, 감정과 어떻게 공존해야 하는지, 내 마음에서 느껴지는 이 감정이 무엇인지 배울 기회가 없었다. 그래서 감정을 언어로 묘사하는 것도 할 줄 몰랐다.

사람들이 감정을 느낄 줄 모를 때 감정 마비, 바쁜 생활, 상호 비교, 폄하와 공격, 우월감, 멸시, 편견, 완벽주의, 자기연민, 중독 행위 등 각종 방어기제만 꽉 움켜잡게 된다. 이런 방어기제는 나와 타인을 해치는 무기가 되기도 한다. 내가 책을 쓰기로 마음먹은 이유이다.

사람들이 감정을 이해할 수 있도록 돕고 싶었다. 감정을 인지한 다음에는 금방 깨달을 것이다. **감정은 그저 감정일 뿐이다. 어떤 고통스러운 감정도 그저 감정이다. 감정은 에너지이며 파도처럼 밀려온다. 그때 몸으로 감정을 느끼면서 가만히 있으면 감정은 곧 물러간다. 감정을 느끼는 법을 배워 활용하면 방어기제를 내려놓을 수 있다. 사람과 사람 사이에 잔인하게 상처를 주는 일이 조금이나마 줄어들지 않을까?**

감정과 공존하기를 바랄 때, 진정한 의미에서 타인을 사랑하고 타인과 유대 관계를 쌓으며 자신의 나약함을 인정할 것이다. 물론 마음을 다치기도 하고, 사랑하는 사람을 잃기도 하고, 배신을 당하거나 실패하거나 실망하기도 할 것이다.

하지만 아무리 고통스러운 감정이라도 이해하고 느끼면 벗어날 수 있다. 자신의 삶을 위해 주도적으로 결정을 내릴 수 있게 된다. '두려움'이 결정하도록 내버려 두지 말자.

책의 도입부에서 독자들에게 감정을 느껴 보라고 초대장을 보냈다. 이제 책의 마지막에 도착했다. 다시 한 번 초대장을 보내겠다. 이 책에서 배운 방법으로 매일 바쁜 생활 속에서도 시간을 내 자신을 멈추고 내면세계를 관찰하길 바란다. 감정 변화 삼각형은 좋은 도구이니 스스로에게 계속해서 질문을 던져 보길 바란다.

나는 감정 변화 삼각형의 어느 꼭짓점에 와 있는가? 나는 방어기제를 사용하고 있는가? 나는 불안을 느끼는가? 나는 어떤 핵심 감정을 느끼는가? 이어서 내가 느끼는 각각의 감정과 제대로 공존할 수 있도록 마음의 공간을 제공하라.

감정은 적이 아니다. 쫓아내지 않아도 된다. 감정은 친구이며 삶이 나아갈 방향을 알려 주는 나침반이다. 감정은 무엇을 좋아하는지 무엇을 싫어하는지 알려 주는 존재이기도 하다.

어떤 감정이든 옳고 그름은 없다. 그저 삶의 일부분이다. 감정이 전해 주는 정보에 귀를 기울이면, 인생의 다음 발걸음을 어디로 내딛어야 할지 바로 결정할 수 있을 것이다.

바라건대, 감정을 제대로 느낄 수 있기를.

불편한 감정으로부터 내 마음을 지키는 심리 기술

감정은 잘못이 없다

1판 1쇄 2021년 12월 16일
1판 2쇄 2022년 2월 21일

지은이 류페이쉬안
옮긴이 강초아
펴낸이 유경민 노종한
기획편집 유노북스 이현정 류다경 함초원 **유노라이프** 박지혜 장보연 **유노책주** 김세민
기획마케팅 1팀 우현권 **2팀** 정세림 유현재 정혜윤 김승혜
디자인 남다희 홍진기
기획관리 차은영
펴낸곳 유노콘텐츠그룹 주식회사
법인등록번호 110111-8138128
주소 서울시 마포구 월드컵로20길 5, 4층
전화 02-323-7763 **팩스** 02-323-7764 **이메일** info@uknowbooks.com

ISBN 979-11-90826-92-1 (03180)